Psicanálise
nas margens
do Xingu

Blucher

Psicanálise nas margens do Xingu

Histórias clínicas dos refugiados de Belo Monte

Luciana Guarreschi

Psicanálise nas margens do Xingu: histórias clínicas dos refugiados de Belo Monte

Editora Edgard Blücher Ltda.
Série Dor e Existência, organizada por Cibele Barbará,
Miriam Ximenes Pinho-Fuse e Sheila Skitnevsky Finger

Publisher Edgard Blücher
Editor Eduardo Blücher
Coordenador editorial Rafael Fulanetti
Coordenadora de produção Ana Cristina Garcia
Produção editorial Ariana Corrêa e Andressa Lira
Preparação de texto Juliana Leuenroth
Diagramação Thaís Pereira
Revisão de texto Maurício Katayama
Capa Laércio Flenic
Imagem da capa Luciana Guarreschi

Blucher

Rua Pedroso Alvarenga, 1245, 4º andar
04531-934 – São Paulo – SP – Brasil
Tel.: 55 11 3078-5366
contato@blucher.com.br
www.blucher.com.br

Segundo o Novo Acordo Ortográfico, conforme 6. ed. do *Vocabulário Ortográfico da Língua Portuguesa*, Academia Brasileira de Letras, julho de 2021.

Dados Internacionais de Catalogação na Publicação (CIP)
Heytor Diniz Teixeira, CRB-8/10570

Guarreschi, Luciana
Psicanálise nas margens do Xingu : histórias clínicas dos refugiados de Belo Monte / Luciana Guarreschi. – São Paulo : Blucher, 2025.

264 p. – (Série Dor e Existência / organizada por Cibele Barbará, Miriam Ximenes Pinho-Fuse e Sheila Skitnevsky Finger).

Bibliografia
ISBN 978-85-212-2704-5 (impresso)
ISBN 978-85-212-2701-4 (eletrônico - Epub)
ISBN 978-85-212-2702-1 (eletrônico - PDF)

1. Psicanálise. 2. Clínica psicanalítica. I. Título. II. Barbará, Cibele. III. Pinho-Fuse, Miriam Ximenes. IV. Finger, Sheila Skitnevsky. V. Série.

CDU 159.964.2

Índice para catálogo sistemático:
1. Psicanálise CDU 159.964.2

Sobre a Série Dor e Existência

A presente série se dedica a publicar livros que tratam das dores da existência no contexto dos fenômenos sociais e políticos contemporâneos, tendo como referencial a teoria e clínica psicanalíticas em diálogo com outros discursos. Abordar esses fenômenos não para catalogá-los, mas essencialmente interrogar aquilo que os determina e, principalmente, cingir suas incidências subjetivas e os modos possíveis de respostas em face do Real, ou, de outra forma, os modos de "resistir, para seguir vivendo", como diz a música popular.[1]

Nos idos de 1930, Freud[2] ressaltou que, apesar dos inúmeros benefícios que o processo civilizatório nos proporciona, ele também é fonte inesgotável de dissabores e mal-estar. Viver inserido na civilização implica em renúncias, privações e adiamentos, que ocasionam perda de satisfação e limitam sobremaneira a ânsia humana por felicidade. Estruturalmente restringida, a felicidade só é alcançada

1 "*Resistiré, para seguir viviendo*", no original. "Resistiré", canção composta por Carlos Toro Montoro e Manuel de La Calva Diego.

2 Freud, S. (1930/2010). O mal-estar na civilização. In S. Freud, *Obras completas* (Vol. 18; pp. 13-122; P. C. de Souza, Trad.). Companhia das Letras.

em momentos breves e esporádicos, enquanto o sofrimento é uma constante que nos ameaça a partir de três fontes principais: as forças prepotentes da natureza, a fragilidade de nosso próprio corpo e as relações com os outros seres humanos dada a insuficiência das normas que regulam os vínculos afetivos e sociais. Freud considerou esta última fonte o sofrimento que mais nos deixa estremecidos.

Dos tempos de Freud para os nossos, poder-se-ia esperar que o sofrimento humano tivesse sido abrandado graças às melhorias e às notáveis conquistas nos campos científico, tecnológico, econômico e até social. É um paradoxo, mas as pessoas não parecem mais felizes que outrora. Em uma época vetorizada pelas conquistas de mercado, ou seja, produção-consumo-descarte tanto quanto possível, as pessoas se sentem cada vez mais pressionadas a serem produtivas, competitivas, eficientes e bem-sucedidas, em paralelo ao desmantelamento dos laços sociais e do sentido de pertencimento a uma determinada comunidade ou grupo. Sem contar com o anteparo das redes e dos mecanismos de solidariedade e de apoio comunitário, as pessoas certamente se encontram mais vulneráveis. Promovem-se assim pensamentos e relações de teor mais individualista em que o consumo de objetos acena como a principal fonte de satisfação e realização. Em vez da prometida felicidade oriunda do progresso, redobram-se os alertas para o aumento significativo das taxas de depressão, suicídio e obesidade. Por toda parte, queixas de solidão e liquidez dos laços sociais.

Decantadas por filósofos e artistas, as dores da existência são inerentes à condição humana diante da constatação da vida como pura e insuportável contingência, sem sentido a priori. Para Lacan, a dor de existir irrompe no momento extremo, limiar em que se esgotam para o sujeito todas as vias do desejo, quando nada mais o habita "senão esta existência mesma, e que tudo, no excesso do sofrimento, tende a abolir esse termo inextirpável que é o desejo de viver".[3] Na última fronteira da existência nua e crua, há o despertar para o Real. Porém, a dor de existir denota também uma face humana, que ocorre com a perda inaugural no momento de entrada no campo da linguagem, que imprime em nós as suas leis, os seus limites na falta do significante último da existência, mas que nos concede, em contrapartida, nessa falta mesma, o desejo para nos sustentar para além desse ponto intolerável da existência. Logo, a dor de existir é constituinte de nossa humanidade, em que estamos sempre no risco da perda.

Se Freud apontou que viver em sociedade cerceia nossas pretensões de satisfação, ou seja, nossas possibilidades de gozo, Lacan, por sua vez, considera que a perda de gozo não se deve à sociedade, mas ao fato de sermos seres falantes, "maldição que o discurso, antes, modera", ponderou Colette Soler,[4] em livro que abre esta série. Logo, o discurso é tanto fonte de sofrimento quanto de tratamento possível para as dores da existência. Eis aí um dos grandes paradoxos humanos: se a existência não tem sentido em si mesma e não há nenhum sentido a ser encontrado, sobra para cada um a invenção dos modos possíveis de se continuar vivendo.

Entretanto, há situações extremas, adventos do Real, que levam o sujeito ao esgotamento das vias de seu desejo. A dor irrompe nesse ponto limite arrasando os ideais e as ficções de si mesmo, restando simplesmente a crueza da existência quando todo o desejo nela se desvanece. Poderá o sujeito resistir? De que modo ou por quais vias?

Importa-nos justamente levar ao público títulos que tratam, em suas diferenças, das dores que acompanham as situações-limites – perdas radicais, violência, racismo e outras intolerâncias e abusos diversos –, considerando que a patologia do particular está

---

3 Lacan, J. (2016). *O seminário, livro 6: o desejo e sua interpretação (1958-1959)* (C. Berliner, Trad., p. 133). Zahar.

4 Soler, C. (2021). *De um trauma ao Outro* (p. 25). Blucher.

intrinsecamente relacionada com as patologias do social. Sem a pretensão de esgotar essas situações e seus efeitos disruptivos, desejamos que cada livro possa contribuir para enlaçar e intercambiar saberes e experiências, na aposta de que algo sempre se transmite, ainda que com furos e, às vezes, de modo artificioso.

Cibele Barbará
Miriam Ximenes Pinho-Fuse
Sheila Skitnevsky Finger
Organizadoras

Agradecimentos

À Ilana Katz pela ex-cêntrica ideia de levar a clínica psicanalítica até onde ainda teimamos chamar confins do Brasil, e ao Christian Dunker, que a adotou. À equipe Clínica do Cuidado por termos compartilhado nossas escutas, nossos sonhos e pesadelos noturnos e um verdadeiro açaí. Aos olhos mágicos do Lilo Clareto (em memória), que souberam enquadrar dessa experiência o que precisava ser visto. À Eliane Brum, que nos abriu o mundo amazônico e transmitiu o compromisso com a escrita.

Aos colegas que se foram, aos que ainda estão e aos que vêm chegando do Fórum do Campo Lacaniano de São Paulo, onde endereço minha formação analítica.

À Luana e Caetano pela paciência com a mamãe, sempre enfiada um pouco demais nos livros. Ao Zé, que, com amor, suporta a mim e essa minha estranha profissão.

A todos aqueles que me confiaram e me confiam seus sonhos, em Bauru, em São Paulo, em Altamira ou alhures.

Aviso ao leitor: este livro sofre das virtudes e dos vícios da posição de um analista.

Conteúdo

Prefácio 15
Christian Dunker

Apresentação 27

1. O contexto 45

2. Escrita do Caso Clínico 101

3. Texto dos casos 123

4. Combinação do universal e do único: o paradigma como método criado do hiato 185

5. Movimentos clínicos, atos políticos 209

Meios para um fim 227

Posfácio 237
Ilana Katz

Referências 245

Outros títulos da Série Dor e Existência 257

Prefácio

Este livro é parte do testemunho e transmissão de uma experiência de intervenção junto à população refugiada pela construção da barragem da hidroelétrica de Belo Monte, nas cercanias da cidade de Altamira, no estado do Pará. Fazendo parte da expedição que escutou, localmente, o sofrimento de mais de setenta pessoas, em um universo de quase 30 mil deslocados, como se poderia imaginar qualquer tipo de efetividade, tendo em vista a dimensão da catástrofe, econômica, social e ambiental que tínhamos diante de nós? Por isso este livro é também a síntese de um modelo de intervenção, baseado na psicanálise, ao qual chamamos de Clínica do Cuidado e também um desafio pioneiro no enfrentamento desta modalidade clínica de situações de alto impacto na produção de vulnerabilidade psíquica.

O desafio que Luciana Guarreschi enfrentou não era pequeno. Trabalhou junto à formação dos grupos de escuta, integrados por psicoterapeutas provenientes de diversos estados do Brasil e que se desenvolveram durante meses, ainda em São Paulo. Participou do trabalho com as lideranças da região, como dona Antônia, do movimento Xingu Vivo, e Marcelo Salazar, do Instituto Socioambiental, para atividades preparatórias no Instituto de Psicologia da USP. Ela integrou a missão que escutou as famílias, crianças e sujeitos nos baixões, nas ilhas distantes e nos assentamentos urbanos de Altamira. Depois disso Luciana trabalhou decisivamente na elaboração do material narrativo que colhemos e que ora se encontra em fase final, visando a publicação e devolução da história assim reescrita para a própria população que escutamos.

Portanto, o trabalho que o leitor tem em mãos aqui, originalmente sua dissertação de mestrado defendida junto ao Departamento de Psicologia Clínica da USP, não poderia ser mais atual e propositivo. Em meio às discussões em torno da abertura e democratização da psicanálise, Luciana traz um retrato exemplar de como é possível um trabalho de escuta, integrado à atenção básica, colaborativo e inclusivo com os equipamentos e recursos de saúde locais, representados, por exemplo, pelos dois Capes visitados e envolvidos na operação, bem como a colaboração com a Universidade Federal do Pará, que hoje pode contar, de forma permanente, com a psiquiatra que integrava nossa equipe. Intervir sem colonizar. Escutar preocupando-se com os efeitos longitudinais, no tempo longo, da própria intervenção.

Para que essa prática não se incluísse na série das promessas decepcionadas e que não constituísse mais um exercício de parasitagem universitária da experiência de sofrimento alheia, produziu-se uma rede de apoio e sustentação posterior, envolvendo escuta online. Contudo, mais importante que isso é a consideração de que o esquecimento traumático, um dos fatores de indução da repetição do trauma, pode ser enfrentado por estratégias de reconhecimento e capilarização historicamente estruturados, como é o caso da dissertação e agora do livro de Luciana Guarreschi.

No fundo, era esse o propósito da intervenção. Em vez de nos fixarmos apenas no tratamento possível do luto suspenso, negado ou interrompido, na mitigação dos efeitos traumáticos ocasionados pela violação do modo de vida ribeirinho, nas angústias de estranhamento, induzidas por novos vizinhos e novos barulhos, em vez de nos focarmos nos desequilíbrios familiares e comunitários, que rompiam redes de sustentação subjetiva, cuja colaboração histórica e continuada tem potente função na elaboração e reconstrução de suas formas de vida, partimos da maneira como a experiência do desterro, refúgio ou deslocamento forçado era nomeada como mal-estar, narrada como sofrimento ou metaforizada como sintoma.

Lembro-me de aportarmos em uma península, ainda fumegante com as queimadas, para escutarmos uma família; vivendo sob uma lona de plástico e água não potável, sobrevivendo da caça ocasional e da intermitente ajuda municipal, eles resistiam a deixar o lugar. Ali aprendemos que o que poderia ser considerado por nós um evento inédito e sem precedentes era encarado como parte de uma longa série que, à sua maneira, os unia na persistência na necessidade de mútuo apoio. Nos anos 1930 os mais longínquos ancestrais, atraídos pela propaganda do Estado Novo, migraram do Nordeste para a Amazônia, culminando na batalha da borracha. Depois disso vieram os garimpeiros. Nos anos 1970, a construção da rodovia transamazônica, segundo a hipótese militar da ocupação e desenvolvimento estratégico do "espaço vazio", supostamente inabitado da Amazônia, trouxe como efeito colateral a expansão do fenômeno da grilagem de terras e do massacre de populações indígenas. Depois disso, já nos anos 1990, a migração de garimpeiros, a caça predatória e a extração da castanha cria uma nova volta da devastação em nome do progresso. Portanto, quando o governo Dilma Rousseff investe na promessa de desenvolvimento da região, há uma longa história de promessas. Junto com ela vem também uma história de decepções.

Contudo, e mais importante do que isso, esta série de promessas e decepções legaram um rico acervo de estratégias de recomposição e reconstrução de formas de vida afetadas por tais intrusões. Foi também este último elemento a ser ineditamente ofendido desta vez. A construção de novos bairros residenciais, com boa infraestrutura, luz, água e esgoto, recursos de educação e saúde, deveria representar um avanço para a qualidade de vida dessas pessoas. Isso fazia parte do "pacote" de benefícios calculados como ressarcimento vantajoso pela perda da ilha, perda da comunidade, perda do rio e devastação ambiental. O elemento esquecido nessa troca nos remetia exatamente ao fato de que, na série de desastres anteriores, existia uma comunidade que coabitava o mesmo território, muitas vezes formada pela parentela, por aliados e agregados, conforme o modo dravidiano[1] de vida já descrito para o parentesco na região amazônica. Ou seja, ao separar geograficamente elementos dessas comunidades, alocando, por exemplo, uma parte depois da Transamazônica, outra

---

1 "Viveiros de Castro (1996) diz que o regime de aliança da maioria das sociedades indígenas da Amazônia é um regime multibilateral, isto é, não redutível a duas macroclasses ou dois parceiros de troca (metades), podendo emergir em sistemas de 2n classes matrimoniais. A troca multibilateral possui um 'grau de liberdade' a mais que o sistema bilateral, pois 'ignora ou aplica de modo limitado o cálculo definidor da troca restrita exclusiva ou global, a saber: aliado de aliado é consanguíneo, o casamento com afins de afins é interdito'. Para Viveiros de Castro (1996:16), é este último cálculo que de fato permite 'o reagrupamento das 2n classes de um sistema de troca restrita exclusiva em 2 superclasses', para a fórmula global, e a irredutibilidade a 2 superclasses para fórmulas locais. A fórmula local, por sua vez, floresce em ambientes amazônicos, sugere Viveiros de Castro (1996), onde casar *como* um parente não significa casar *com* um parente – isto, é, o redobramento de alianças não é igual a um fechamento consanguíneo (*bouclage*). Isso é o mesmo que dizer que o casamento com um cognato cruzado, na Amazônia, é a redução elementar de uma estrutura de repetição de alianças que não possui inscrição genealógica a priori (Viveiros de Castro, 1996), mas que necessita do tempo, isto é, da história de relações, para ser efetivada. Sendo assim, a 'especificidade genealógica do cônjuge como "cruzado" é um caso-limite de sua determinação categorial como afim' (Viveiros de Castro, 1996: 35)." Soares-Pinto, N. (2016). Terminologia de parentesco e casamento djeoromitxi: um caso ngawbe na Amazônia? *Anuário Antropológico*, *41*(1), 123-151.

na cidade e uma terceira em uma nova área ribeirinha, impunham-se distâncias que não podiam ser transpostas hidrograficamente e sem linhas de transporte urbano, de tal forma que, se antes um desalojamento era enfrentado em um fim de semana, no qual a parentela se reunia em regime de mutirão e reconstruía uma casa ou uma instalação comunitária, agora restavam apenas pessoas isoladas em seus novos terrenos, cujos recursos suplementares eram muitas vezes empregados para a construção de... muros. Grande parte dos sintomas de adicção, insônia, problemas alimentares e de ansiedade pervasiva prendiam-se à situação extremamente temerária que resulta de "não conhecer seus vizinhos".

Uma situação desse tipo reproduzia o sofrimento em estrutura de condomínio que havíamos descrito para as grandes metrópoles brasileiras, a partir dos anos 1973. Sofrimento que também parece no sistema carcerário, no modo de vida em estrutura de centros de consumo massivo e genericamente em certas comunidades faveladas, sob as quais a linha simbólica do asfalto impõe segregação, contenção e superidentificação. Em todas essas situações, observam-se transformações estruturais nas gramáticas de reconhecimento, marcadas pela redução da extensão narrativa do sofrimento, sensorialização do mal-estar e metaforização da autoridade em estrutura de gestão ou do regramento impessoal e síndico do poder.

Ou seja, a aplicação da regra fundamental da psicanálise, a saber, que o paciente enuncia seu sofrimento coligando a história do sintoma com a história de sua vida, não deixou de considerar os diagnósticos locais, mas levantou o problema do tratamento possível desta repetição transgeracional. Sabemos que a repetição silenciosa de algo não simbolizado caracteriza o retorno do real, como uma das faces do trauma e do processo de retraumatização para o qual ele torna relativamente indefeso o sujeito.

O que nos fez levantar a hipótese clínica de que os efeitos psíquicos referidos à experiência dos atingidos por Belo Monte (a perda da casa e da destruição da rede de hábitos) configuraram para muitos o que chamamos de trauma psíquico, com sua habitual suspensão temporal – tempo de indeterminação –, uma fratura que, pela intensidade do vivido e pela impossibilidade de elaborá-la, "não passa".[2]

Muitas vezes a anamnese de nossos sujeitos nos remetia a um ou dois significantes, tantas vezes desconexos entre si: "perder a casa", "perdidos", "violência", "cansaço". Seus sintomas se aglutinavam em torno das metáforas da imobilidade: "na cidade o dia não passa", "tenho vontade de abandonar tudo", "como não tem lugar de destino, fico onde estou", "às vezes quero voltar pra trás, isso não dá, mas eu também não consigo ir pra frente, estou parado", "eu nunca fiquei parado, mas agora..." ou, ainda, "o rio parou". Curiosa forma de resistência ao progresso, desenvolvimento e avanço marcados pela mobilidade, pela inflação demográfica da cidade e pela movimentação de pessoas em torno da grande obra, também chamada o "belo monstro". Sofrimento improdutivo de indeterminação, que se manifestava pelo contraste entre grandes esperanças violadas.

A fertilidade de um modelo como o da Clínica do Cuidado não emana apenas dos eventuais benefícios para populações minorizadas, vulnerabilizadas ou sob ataque ao seu modo de vida, incluindo violações sistemáticas de direitos humanos, mas também do que ela traz para a formação, para a reflexão clínica e para os conceitos da própria psicanálise. Aqui encontramos um segundo tipo de descolonização promovido pelo texto de Guarreschi. Neste caso ela mobiliza a teoria lacaniana do passe e os recentes esforços para formalização da construção do caso clínico. O passe, como se sabe, é um dispositivo proposto por Lacan para facultar aos psicanalistas que concluem suas análises que a relatem a dois passadores, que, por

2 Cf. Capítulo 3, "Texto dos casos", p. 123.

sua vez, a transmitirão para um cartel ao qual cabe nomear, ou não, tal passante como Analista de Escola. A tese genérica aqui é que o mal-estar que habita qualquer grupo humano, assim como também as escolas de psicanálise, possa ser tratado pelo compartilhamento da experiência da análise bem como pela função crítica que constitui "qualquer um" como instância de autoridade da comunidade psicanalítica. Bem ou malsucedido, esse mecanismo pode ser empregado para generalizar a experiência em princípio íntima, privada e sigilosa de qualquer psicanálise. Tal generalização não tem a finalidade de criar subjetividades triunfais que teriam derrotado o inconsciente e dominado seus sintomas, mas efetuar uma espécie de devolução da mensagem produzida por uma análise, para a sua cena de constituição primária, ou seja, a vida social com suas contradições, opressões e silenciamentos. Como uma carta cifrada ou um mito individual, os sintomas, inibições e angústias são respostas ao que não pode ser dito em um determinado universo espaçotemporal de discurso. Nem tudo no mal-estar está referido ao que não pode ser expresso; o *Unterdrückung* (silenciado) não é o mesmo que o *Verdrängung* (recalcado), ainda que o recalcado, especialmente quando se coliga ao traumático, sempre se reapresente com sua sombra de silenciamento. Mas o que precisa ser devolvido ao seu destinatário não são as particularidades idiossincráticas de cada um em sua diferença radical, pois este é e deve permanecer como efeito do que resta da operação. O que precisa ser devolvido como reparação histórica e profilaxia política é justamente a forma social do sofrimento, ou seja, a forma comum pela qual nos reconhecemos em cada uma das narrativas clínicas.

Isso implica um longo e ainda incerto trabalho de deformação, pelo qual o que é identificável é extraído, resultando em experiências que são literalizadas, no duplo sentido de reescritas a partir da supervisão e da construção clínica do caso, mas também deformadas sob a perspectiva literária. Nisso o livro de Luciana constitui um modelo experimental bem-sucedido de passagem da escuta para a escrita. Neste ponto caberá ao leitor apreciar os casos aqui retranscritos e transcriados, ao modo das traduções dos irmãos Haroldo e Augusto de Campos. Estágio necessário deste estudo intervenção, cujo homólogo no dispositivo do passe não nos remete ao "que aconteceu em toda sua extensão", mas à capacidade de organizar sem categorias, narrativizar sem persuadir, sintetizar sem resumir. Assim como seria impraticável e relativamente inútil reproduzir, em algumas horas, o trabalho de décadas de análise, seria tolo e pouco auspicioso enumerar exaustivamente sem o recurso das estruturas de ficção, as devastações sofridas por toda uma comunidade. Pois, se a verdade se diz em estrutura de ficção, o Real não cessa de não se escrever.

Neste último momento é preciso, portanto, deflacionar conceitos, subverter suposições tácitas e jogos internos de linguagem da psicanálise. Transferir a palavra para os que se dedicam a escrever, passar da escuta ao escrito, esta é a tarefa maior que o texto de Luciana enfrenta e para a qual ele nos arrasta com sua vívida capacidade de evocar solidariedade. Aqueles que leem e escrevem romances que captam a verdade do sofrimento de uma época, dotando-os de uma unidade, que nos escapa assim como a intransparência do cotidiano, do contemporâneo e do horizonte de subjetividade de nossa e de cada época.

Aqui esperemos o relato do relato do relato, da jornalista Eliane Brum, que soube escutar o sofrimento de um povo e articulá-lo como demanda. Três tempos, portanto. Experiência, construção do caso clínico e inscrição pública do caso. Três tempos da memória e do testemunho. Volta que joga com a passagem do caso pelos seus diferentes determinantes tornando-o estrangeiro, ou pelo menos tão estrangeiro quanto a perspectiva que se quer incluir: o estranhamento da população de ribeiros diante do insólito, o estrangeiro representado pelo pequeno grupo de escutadores e o estrangeiro que se quer transmitir e partilhar, como estrangeiridade comum, ou seja, princípio genérico e prático de descolonização.

A partir desta indeterminação interna e produtiva, do conceito e da experiência de estranhamento, pudemos acompanhar o processo pelo qual a demanda difusa, criada pelos processos jurídicos de compensação, gerida para criar divergência e dispersão dos ribeirinhos, pode ser dialetizada pela mediação que concorreu para a criação da sua associação representativa. Acompanhando a questão, a princípio estrangeira, que demanda traços de pertinência e regras de reconhecimento da comunidade ribeirinha, incidiu uma escuta de vetorização política, cujo efeito foi a substituição da ambição essencialista de definir quem somos pela soberania organizada em torno do que queremos. Como se a indeterminação identitária, marcada pela metáfora da imobilidade, lançasse luz sobre a determinação simbólica do desejo.

Cada sujeito era escutado de três a cinco vezes em uma maratona que exigia extrema habilidade logística e grande suporte de nossas provisões locais. Aqui se tornou cada vez mais claro que em operações desse tipo os meios nunca devem se dissociar de seus fins. Ou seja, eram os barqueiros, os motoristas, as cozinheiras e os guias que formavam uma espécie de capilarização que rapidamente se estendeu pela comunidade. Uma rede de indicações surgia assim um tanto espontaneamente, quando nos dispusemos a escutar, decidir quem escutar, e escutando essa rede. Foi assim também quando nos deparamos com as condições de financiamento. Apesar do apoio do Ministério Público e da Sociedade Brasileira para o Progresso da Ciência, apesar da colaboração consentida e buscada dos movimentos sociais que operam em situação de resistência à construção de barragens, quando anunciamos que nosso projeto teria subsídio estatal, isso resultou em imediata resistência. Afinal, intervenções desse tipo frequentemente se apresentam como uma espécie de reparação desproporcional diante da ofensa produzida, como se o Estado pudesse dizer que os efeitos psicológicos negativos de sua intervenção foram mitigados por este ou aquele procedimento, minimizando o impacto traumático a sua dimensão imediata. Por outro lado, quando invertemos nossa estratégia de financiamento, procurando empresas que possuem políticas de proteção a populações vulneráveis e a recuperação de prejuízos ambientais, também nos deparamos com uma sensível resistência. Afinal, o mesmo tipo de grande empresa que incitara a construção da maior obra de infraestrutura do mundo à época, com sérias suspeitas de corrupção, agora se ocuparia de limpar suas mãos financiando iniciativas de reparação. O problema se manifestou em demandas feitas ao grupo da Clínica do Cuidado, depois de nossa intervenção em Belo Monte. Ou seja, a isenção relativa de escuta e a autonomia relativa para compor parceiros e capilarizar nossa escuta, é parte decisiva da operação, o que não pode ser obtido quando se é percebido e efetivamente pago pelos mesmos meios que produziram o desastre e têm, compreensivelmente, interesse em reduzir o impacto de sua extensão. Desta forma, o financiamento coletivo, obtido por fontes independentes, principalmente iniciativa das pessoas comuns e anônimas, é um importante elemento necessário para que o processo de produção da intervenção e seus meios de efetivação sejam já parte da visibilidade que se quer dar ao problema e a oportunidade da participação popular, pela qual a intervenção ganha força e legitimidade. Enquanto não se redimensionar a circulação do dinheiro na pesquisa interventiva com extensão e enquanto ainda trabalharmos sob a égide da falsa equação entre o Estado-gratuidade e a Empresa-lucratividade, não se pode transformar a gramática de reconhecimento no interior do qual a circulação transparente, de gestão coletiva do dinheiro e dos demais insumos, torna-se ela mesma parte da ação política que se quer levar a cabo. Argumentar que a substituição da precariedade em áreas onde se verifica ação deficitária do Estado por recursos privados, como se isso fosse encobrimento desse déficit, ou como se isso representasse por si mesmo privatização, se mostrou uma crítica inadequada, cujo contraexemplo trazemos a público agora. O interesse público foi suplementado pela iniciativa privada sem que isso representasse ganho de capital para nenhum grupo ou iniciativa. Contraexemplo que pode servir para generalizar a participação da psicanálise em áreas onde o Estado apresenta crônico déficit de investimento, notadamente na saúde mental.

Os *textemunhos* de Altamira representaram setenta casos, em um total de 171 sessões que resultaram em mais de setecentas páginas de casos escritos. Teria sido mais simples filtrá-los por uma quantidade mais ou menos consensual de categorias, tipificando processos e percursos mais frequentes, bem como as árvores decisionais associadas com sintomas. Mas isso substituiria o fato de que, porventura, em apenas um dos relatos poderíamos encontrar a força expressiva que não apenas representasse as narrativas em seu conjunto. Por isso a pesquisa clínica com o um-a-um orienta-se para a reconstrução formal dos discursos que organizam a experiência, o que, sem deixar de estar baseado nas evidências de linguagem, não submete a linguagem a ser apenas um veículo de informação. A experimentação aconteceu no interior do encontro, e seu testemunho só pode ser controlado sem ignorância da autoria de quem o testemunha, inclusive com seus diferentes níveis de deformação, ficcionalização e literarização. Rompe-se assim a facilidade representada pelo modelo onde há casos típicos e casos excepcionais, há tendências e há desvios de tendência.

Alguém poderia dizer que é uma mera coincidência, guiada por viés de confirmação, o fato de que a violação do modo de via ribeirinho por uma companhia de eletricidade, cuja finalidade é produzir "energia para o Brasil", tenha se associado com a insistência discursiva, de figurar o mal-estar assim causado em termos de "perda de energia". Conexões significantes desse tipo não obedecem a um circuito de causalidade, mas são, ainda assim, decisivas para a reversão dos efeitos reais de desânimo, paralisia e déficit de energia vital, que assolava realmente a população ribeirinha desalojada. A conexão entre os termos é meramente ficcional e metafórica. Chegamos assim ao fato clínico descoberto e redescoberto pela psicanálise de que o sofrimento e os sintomas mentais não são dissociáveis da forma como são expressos, e que, portanto, experiências de sofrimento são transformáveis por operações de nomeação, renomeação, metaforização ou literalização.

Os casos trazidos e suas discussões corrompem nossa ideia intuitiva do que seria um caso exemplar, de caso ímpar ou caso único a partir das proposições de Agamben sobre a singularidade do exemplo, em contraste com a regularidade das estruturas narrativas sugeridas por Barthes. O exemplo qualquer talvez funcione aqui melhor como contraidentificação, como desconexão necessária do caso com a regra, do que a mera contagem de sucessos e fracassos.

O texto de Luciana é elegante e humilde diante da experiência. Ele traz a marca da autoria sem flertar com o anonimato desnecessário. Se queremos pensar uma psicanálise descolonizada e descolonizadora temos aqui um exemplo de como isso pode acontecer.

Christian Dunker
Psicanalista, Professor Titular em
Psicanálise e Psicopatologia do
Instituto de Psicologia da USP

Apresentação

E essa escuta, como movimento que a escuta é,
produziu movências.

Eliane Brum, 2021

Não se furtar a escrever

Em janeiro de 2017 tive a chance de participar, junto a outros psicólogos e psicanalistas, do que poderia ter sido considerada uma aventura de colonizadores estudados do centro-sul brasileiro à Amazônia ribeirinha. Poderia não só ter sido considerada como poderia ter sido. Não foi. E as páginas que se seguem poderão dizer o porquê, pois retraçam o caminho e a produção dessa equipe de dezoito pessoas, que se deslocou até Altamira, no Pará, preocupada em escutar, tratar e documentar o sofrimento psíquico dos ribeirinhos, sofrimento advindo da catástrofe que abateu a região por ocasião da construção da hidrelétrica de Belo Monte, ocorrida entre 2010 e 2016.

Retraçando esse caminho e parte do produto advindo desse trabalho, sou como que obrigada a enfrentar, nesta pequena apresentação, o que me levou, tão logo retornei a São Paulo, a escrever e apresentar pequenos artigos e falas sobre a experiência lá vivida. A cada exposição da experiência passava pela mesma situação, sempre mais ou menos constrangedora, de ter todos os olhos voltados para minha fala, mesmo quando a mesa era dividida com trabalhos tão interessantes quanto este. Perguntas as mais diversas, críticas as mais ácidas e as mais pertinentes, mas, acima de tudo – fui entendendo com o tempo –, um reencontro dos ouvintes, em sua maioria psicanalistas em formação continuada, com a reivindicação daqueles que escutamos e com a radicalidade e a potencialidade da psicanálise em um território sem a incidência da cultura da psicanálise.

Mal sabia eu que estes pequenos artigos e falas já faziam parte do que aqui chamo "não se furtar a escrever". Desde o início desta empreitada a equipe estava ciente de sua função clínica, escutar e tratar, mas também de sua função documental, ou seja, escrever os casos atendidos, registrando a vivência de um momento histórico desses brasileiros sempre à margem dos noticiários, dos acontecimentos considerados mais importantes do país. E assim foi feito por toda a equipe.

No entanto, a mim se impôs um desejo a mais: retornar à escrita destes casos e ler os casos dos colegas da equipe. Neste retorno, entendi que era preciso tempo e boas companhias. Dado que o projeto "Clínica do Cuidado – Refugiados de Belo Monte" nasceu de uma interlocução da jornalista Eliane Brum com a psicanalista Ilana Katz, que o levou para dentro do Instituto de Psicologia da Universidade de São Paulo, com o apoio de Christian Dunker, nada mais acertado que o trabalho começasse ou, ainda, continuasse por lá. Assim, Christian se fez orientador desse mergulho – que tomou o aspecto formal de uma pesquisa de mestrado – com conhecimento de causa, pois fez parte da equipe e esteve em Altamira; e Ilana uma amiga parceira sempre pronta a acolher os desenvolvimentos feitos a partir de seu projeto.

Nada que Freud já não tivesse nos ensinado sobre a relação entre os fundamentos da psicanálise, sua doutrina, digamos assim, a clínica psicanalítica e a pesquisa. No Posfácio de "A questão da análise leiga", de 1927, ele comenta:

> *Na Psicanálise, desde o início havia uma associação entre curar e pesquisar, e o conhecimento trazia o sucesso, não se podia tratar sem experimentar algo novo, não se obtinha esclarecimento sem vivenciar o seu efeito benéfico. Nosso procedimento analítico é o único que mantém essa preciosa conjunção. Só quando praticamos o cuidado analítico da alma aprofundamos nossa incipiente compreensão da vida anímica do ser humano. Essa perspectiva de ganho científico constitui o traço mais nobre e feliz do trabalho analítico; será que podemos sacrificá-lo em nome de considerações práticas quaisquer?*[1]

Freud trata nesta ocasião de convencer seu "interlocutor imaginário", que os não médicos poderiam atuar como analistas, desde que houvesse associação entre cura e pesquisa. Mas de que outras "considerações práticas" poderíamos nos desembaraçar em prol de um "cuidado analítico da alma" que possa alcançar as margens do Xingu, as chamadas periferias das grandes cidades e as quebradas brasileiras?

---

1 Freud, S. [1927] 2017. *A questão da análise leiga* (p. 298). Autêntica.

Se pudéssemos criar uma definição mínima de clínica psicanalítica, ela com certeza seria composta dos conceitos de associação livre, atenção flutuante e transferência.[2] Esse mínimo nos possibilitaria nos desvencilharmos de uma série de outros tantos densos conceitos que, se têm toda sua importância, não deixam de, por vezes, tornar os analistas pesados e pouco inventivos quando atuam fora da clínica dita tradicional. Com essa definição mínima nos tornamos leves, logo, mais ágeis, e ainda mais responsáveis pela nossa dupla tarefa, uma vez que um analista, para funcionar como tal, tem que ser ao menos dois: o analista que produz efeitos e o analista que teoriza tais efeitos,[3] tarefa acima de tudo ética.

Nesta teorização, ou, como gostamos de falar, nesta práxis, mantemos nossa política da falta-a-ser, na qual não somos livres, mas acrescentamos criatividade e inovações nas estratégias e táticas aplicadas ao que vem sendo chamado clínicas de bordas, como propõe Andrea Guerra, da Universidade Federal de Minas Gerais, que pipocaram Brasil afora, a maioria delas bem orientadas pela psicanálise. Uma psicanálise à brasileira, como disse Christian Dunker, o que significa dizer uma clínica psicanalítica que também alcance os que estão marcados pelo traço de exclusão em nosso país, uma psicanálise que se deixa atravessar por outros saberes, incluindo a história e a cultura na qual intervém.

Esse é o conteúdo deste livro: histórias clínicas forjadas no cruzamento do mínimo analítico com a ética do analista. Cruzamento que resgata a vivacidade da psicanálise, tantas vezes dada como morta em sua história, ao se fazer caixa de ressonância dos sujeitos escutados.

---

2 Agradeço a Gilson Iannini por pensar esse mínimo que pode maximizar a experiência analítica.

3 Lacan, J. ([1974-1975] 2022). *Seminário 22: R.S.I.* (p. 30). (L. Matheron, Trad.). Fórum do Campo Lacaniano de São Paulo, edição não comercial.

Sem saber muito bem o que iria encontrar, mas confiando no que havíamos vivenciado, me lancei ao material clínico com dois objetivos de base. O primeiro era preservar a voz dos ribeirinhos na transmissão dos casos atendidos, e, neste quesito, só os leitores poderão dizer o quanto essa voz ficou audível no resultado final do trabalho e o objetivo cumprido. O segundo era retomar a importância do caso clínico na transmissão da psicanálise, pois vi na escrita dos casos a chance de extrair os efeitos operados nos sujeitos atendidos, fazendo valer tanto a intervenção quanto a importância do caso na transmissão dessa clínica que se dedica a tratar do sofrimento psíquico relançado pela dimensão sociopolítica das catástrofes e descasos brasileiros tão conhecidos.

Nesse sentido, era muito importante ressaltar o contexto da intervenção – o cenário, a situação passada e presente –, o que levou à divisão deste livro em dois grandes blocos, o Contexto e o Texto. Estar avisado das tramas históricas discursivas – quais os significantes do sofrimento nesta população, como se estabelecem os laços da comunidade que será atendida, em que e em quem estão baseados os movimentos sociais da região – e contar com elas ao adentrar o território alheio colaborou com nosso ato analítico primeiro enquanto equipe, e isso não difere em nada da clínica cotidiana; pois é de depositar o saber sobre o sofrimento do lado do sujeito, e não do nosso, que inauguramos a psicanálise a cada novo caso e nos mantemos longe de qualquer ideal colonizador. Esse é todo o começo de uma transferência, ao menos para Lacan.

Ao bloco "Texto", ficaram reservados os atendimentos. Muitos psicanalistas têm apreço pelos casos clínicos, mas entre os lacanianos eles são motivos de controvérsias, e alguns dentre nós acham que podemos passar sem eles. No entanto, para outros, é justamente a escuta clínica diária que incita a escrever, e esses não deixam de utilizar pequenos extratos, ou mesmo casos inteiros, na tentativa de transmissão da psicanálise e do tipo de mal-estar que atinge determinada época. Este é o caso aqui. Dos setenta casos atendidos, oito foram tomados mais detidamente, sublinhados, decompostos e analisados, apostando que poderiam transmitir um sofrimento não reconhecido no espaço público, dando a conhecer também a dimensão política que a clínica pode portar. Poderiam também transmitir o trabalho feito em Altamira, o que pode vir a ajudar outros clínicos a atender em situações parecidas com a que vivenciamos lá, ou seja, em situações em que o analista sai de sua poltrona para escutar a dor do outro e, atento a fazê-lo escutá-la, se mete a inventar estratégias, corre riscos, revisa seus atos e contribui para o saber analítico.

A escolha por adentrar os casos toca também o título deste trabalho. O original era mais acadêmico, logo mais específico: "Da escuta à escrita: casos clínicos dos refugiados da barragem de Belo Monte". A alteração se deve à nova tradução do volume recém-publicado pela editora Autêntica das obras incompletas de Freud, *Histórias Clínicas: cinco casos paradigmáticos da clínica psicanalítica.* No prefácio "Escrever a clínica: Freud entre a ciência e a literatura"[4] fica esclarecida a preferência dos tradutores por "histórias clínicas" ao invés do comumente utilizado "casos clínicos" para a palavra alemã *Krankengeschichten.*

Segundo os autores, uma tradução mais literal proporia "histórias de doentes" ou ainda "histórias médicas". Eles, no entanto, adotam a solução "histórias clínicas", almejando destacar uma dimensão presente nos casos clínicos freudianos: não apenas a enfermidade, seus sintomas, mas sobretudo suas histórias, suas *Geschichten*, abarcando "history e story a um só tempo".

Depois deste percurso, acredito ter colhido do material de toda a equipe passagens preciosas recheadas de cambalhotas de sentido

---

4 Iannini, G., Tavares, P. H., & Romão, T. L. C. (2021). Escrever a clínica: Freud entre a ciência e a literatura (p. 15). In *Histórias clínicas: cinco casos paradigmáticos da clínica psicanalítica.* Autêntica.

que deslocaram significações, criaram bordas, desataram sintomas físicos, preservaram perdas longe de ilusões de reposição e completude, aliviaram angústias incapacitantes e reposicionaram laços sociais; bem como caminhos onde a barragem se impôs de tal forma que nenhuma passagem foi possível.

E por fim, ao transformar em livro a pesquisa de mestrado, acréscimos e cortes foram feitos, pequenas precisões e novos arranjos de capítulos para o bem da fluidez da leitura. Se decantou também a percepção de que o texto vagava o tempo todo entre o eu, o você e o nós. Quis ver aí, longe de uma desatenção puramente gramatical, um trabalho feito ora por mim, ora pelo outro, ora por nós. O que também indica a direção do trabalho feito lá. Bem que seu Elio Alves da Silva, poeta ribeirinho, já tinha nos ensinado:

> *Se no caso a gente vai pra uma manifestação*
> *eu não vou para manifestação sozinho*
> *temos que levar um grupo de pessoas*
> *é um grupo de pessoas que faz uma manifestação.*
> *Para conseguir fazer uma manifestação*
> *tem que fazer uma mobilização, muita gente, né?*
> *Então é eu e + 1, sabe? Aí sim, nós vamos fazer, se for só eu nós não vamos fazer nada.*
> *Por que se eu vou te convidar para nós luta contra alguma coisa e eu te convido, eu e + 1 e você e +1 e aí então a história segue, sabe? Eu +1 e você +1.*
> *Você não é + eu, mas, é você e +1 que você já conseguiu ali na frente, aquele +1 já consegue + 1 e aí vai, por isso que digo é eu e + 1.*[5]

5 *Eu +1: uma jornada de saúde mental na Amazônia*, documentário produzido durante a intervenção da Clínica do Cuidado, dirigido por Eliane Brum, 1º set. 2017.

O projeto Clínica do Cuidado: estratégias, atendimentos e escrita dos casos

Entre 15 e 29 de janeiro de 2017 participei da Clínica do Cuidado que viajou até Altamira, no Pará, para dedicar atenção à saúde mental da população ribeirinha afetada diretamente pela construção da hidrelétrica de Belo Monte, no rio Xingu. Como esperamos deixar claro no decorrer destas páginas, essa população teve seu modo de vida violentamente espoliado pela maneira como se deu a instalação da hidrelétrica na região.

Nosso objetivo era propor e experimentar um modelo de intervenção clínica de atenção ao sofrimento psíquico junto à comunidade atingida, em situação de vulnerabilidade social, pois negligenciada pelo Estado, e de documentação desse sofrimento narrado. Para realizá-lo contamos com um financiamento coletivo, via internet, que foi apoiado, em geral, por pessoas físicas interessadas na iniciativa. Dessa empreitada participaram quinze psicanalistas e psicólogos, uma psiquiatra, um fotógrafo e uma jornalista, para prestar atendimento à população, fotografar e documentar todo o trabalho. Os casos foram relatados, separadamente, por cada um dos membros da equipe que compôs a dupla que escutou o ribeirinho.

Nossas estratégias

O projeto foi dividido em etapas, que foram sendo reconstruídas conforme o impensado se impunha, descartando estratégias e táticas pensadas antes do contato com o território e incorporando outras advindas de nossa pesquisa de campo. Foram realizadas três viagens preliminares a Altamira – feitas pela psicanalista Ilana Katz, responsável pelo projeto, e por André Nader, psicólogo, coordenador da Clínica de Cuidado, mestrando no Instituto de Psicologia da Universidade de São Paulo (IPUSP), e Cássia Gimenes Pereira, psicóloga, coordenadora da Clínica de Cuidado – antes da realização da intervenção propriamente dita. Nessas visitas foi possível escutar ribeirinhos, aproximar-se dos movimentos sociais e de instituições implicadas no cuidado com essas pessoas e desenhar o possível a ser feito.

Nesse primeiro contato, levamos em alta consideração o caráter estrangeiro daqueles que saíram da Universidade de São Paulo para a Amazônia e, a partir daí, evitar o risco de uma experiência de colonização, desde o lugar de psicanalistas, sobre uma cultura e um modo de vida muito distante e diferente dos nossos. Trabalhamos para evitar esse risco nos guiando na advertência freudiana sobre escutar o outro, cuja disposição envolve deixar nosso próprio julgamento em suspenso.[6]

Com o mesmo propósito nos utilizamos também dos desenvolvimentos de Lacan sobre o operador desejo de analista, operador que pode ser visto como uma resposta de Lacan aos desenvolvimentos sobre contratransferência perpetrados pelos pós-freudianos:

> *Não se trata do desejo da pessoa do analista e antecipando o que se desenvolverá posteriormente: o desejo do sujeito em análise, diz ele [Lacan], não deve ser guiado em direção ao nosso desejo, mas a um outro, a um desejo que deve limitar-se ao vazio, ao corte (escansão) que, consequentemente, leva ao advento do sujeito.*[7]

---

6 Freud, S. ([1909] 2021). Análise de uma fobia de um menino de cinco anos (p. 173). In *Histórias clínicas: cinco casos paradigmáticos da clínica psicanalítica*. Autêntica.

7 Checcia, M. (2015). *O poder e a política na clínica psicanalítica* (p. 261). Annablume.

Esta etapa se mostrou crucial para evitarmos o risco de colonização, uma vez que, no encontro com o território e seus agentes e ocupando esse lugar de escuta estrangeira, ou seja, daquele que não sabe sobre aquele território, daquele que não sabe a língua do outro e não impõe a sua, colhemos e fizemos trabalhar algumas questões surgidas em campo: como a experiência de sofrimento se configura nesse território? Que nomes essas pessoas dão ao seu sofrimento? O que se pode dizer sobre a experiência da comunidade antes e depois de Belo Monte? Que efeitos podemos calcular no eixo da subjetivação?

Tais perguntas provêm do entendimento de que a nomeação de um sofrimento é uma experiência subjetiva e subjetivante, o que significa dizer que o que chamamos sofrimento recorta as possibilidades de vida de um sujeito, e este ponto é fundamental na decisão de trabalhar com aquele que sofre e em como intervir nesse sofrer, pois a leitura que o sujeito produz de seu adoecer também imprime um certo modo de sofrer.[8]

Esse primeiro contato levou em consideração essa diretriz e, assim, as significações da experiência da expulsão, e mesmo a ausência delas, foram dadas por aqueles que escutávamos. Desse sofrer recolhemos significantes chaves como: "perder a casa", "perdidos", "violência", "cansaço", entre outros. Esses significantes se repetiram com regularidade em várias falas, repetição indicativa do traumático na medida em que apontava para perdas que não foram elaboradas e subjetivadas, e do fato de que a causa central de toda dor psíquica traumática é a perda da experiência, seu esquecimento ou não elaboração, que retorna em suas formas sintomáticas ou inibitórias.[9]

---

8 Katz, I. (2019). A clínica do cuidado: intervenção com a população ribeirinha do Xingu atingida por Belo Monte (pp. 22-37). In E. Broide, & I. Katz (Orgs.), *Psicanálise nos espaços públicos* (p. 25). IP/USP.

9 Dunker, C. (2015). *Mal-estar, sofrimento e sintoma*. Boitempo.

Tal definição se aplica ao que encontramos em Belo Monte, pois o aparecimento dos sintomas físicos bem como as dificuldades de investimento libidinal no porvir da vida, presente no discurso dos ribeirinhos, remetiam à chegada de Belo Monte, ainda que ela tenha ocorrido cinco anos antes. O que nos fez levantar a hipótese clínica de que os efeitos psíquicos referidos à experiência dos atingidos por Belo Monte (a perda da casa e da destruição da rede de hábitos) configuraram para muitos o que chamamos de trauma psíquico, com sua habitual suspensão temporal – tempo de indeterminação –, uma fratura que, pela intensidade do vivido e pela impossibilidade de elaborá-la, "não passa".

O recolhimento destas nomeações, ainda nesse tempo de estudo preliminar, nos ajudou a verificar se havia ali significantes que pudessem enfrentar a diagnóstica produzida pelo discurso médico, da qual a empresa e o Estado se utilizavam para se desresponsabilizar.[10]

Uma segunda incursão a Altamira, seis meses depois da primeira, nos serviu para testar o dispositivo de cuidado que estava em planejamento, além de conhecer os serviços de saúde mental oferecidos na região. Neste momento já havia ficado claro que o modelo tradicional de atendimento, qual seja, sala com porta fechada, não nos serviria e muito menos a essa população. Seria preciso ir aonde os ribeirinhos estavam, e isso significaria percorrer alguns tantos quilômetros, ir até os reassentamentos coletivos, aos bairros, à borda do Rio Xingu, pois:

> *A relação dessas pessoas com a experiência física de território cumpre uma função discursiva, os gestos que*

---

10 Esse entendimento está formulado no relatório feito para a Sociedade Brasileira para o Progresso da Ciência (SBPC) e utilizado pelo Ministério Público Federal na tentativa de mitigar os danos da instalação da Usina Hidrelétrica de Belo Monte (UHE – Belo Monte). Cf. http://portal.sbpcnet.org.br/livro/belomonte.pdf.

> *apontam coisas, os lugares que mostram, as pessoas que encontram enquanto estão conosco, tudo isso cumpre uma função muito particular: de um lado despertam palavras, e de outro, entram, na narrativa, no lugar da palavra que não há.*[11]

Quanto à rede pública de saúde mental, pareceu-nos evidente que a demanda dos ribeirinhos estava sendo acolhida de maneira medicalizante; isso significa dizer que o discurso médico imperava e ressignificava o mal-estar difuso dos ribeirinhos como tendo uma origem exclusivamente biomédica. O que verificamos também foi o papel crucial daqueles que fizeram esteio e escuta à população atingida, a saber, os agentes sociais, responsáveis por anos de luta contra a instalação da UHE de Belo Monte, que acabaram por cumprir "uma função de suplência identitária diante da destruição que atingia todo o sistema de identificações da comunidade".[12]

Tal suplência, crucial em um primeiro momento, dificultou, com o passar do tempo, a saída do discurso repetitivo gerador de imobilidade e sofrimento, discurso fixado nas perdas, e que acabava por fixá-las ainda mais. Após essa segunda viagem, mais uma pergunta se impôs: "a clínica da psicanálise poderia funcionar fora da cultura que a inventou? Estaria a clínica da psicanálise à altura de responder a esses acontecimentos de nossa época? De que maneira?".[13]

A partir dos resultados-questionamentos que a pesquisa de campo nos propiciou, foi criado o curso "Psicanálise em situação de vulnerabilidade social: o caso Belo Monte", realizado no programa de pós-graduação do Instituto de Psicologia da Universidade de São Paulo, cujas aulas tiveram como objetivo ampliar esses ditos,

11 Katz, 2019, pp. 22-37.

12 Ibid., p. 28.

13 Ibid.

além de trazer a problemática de Altamira para a Universidade, dando visibilidade aos acontecimentos do Norte de nosso país, deslocando a pesquisa para o centro de sua causa, transferindo e interpenetrando conhecimentos e saberes diversos.

O curso, sob a coordenação de Christian Dunker e Ilana Katz, foi realizado no segundo semestre de 2016 e oferecido aos alunos regulares e também aberto ao público geral, e preparou e instrumentalizou a equipe que iria a Altamira, sendo ministrado por pessoas chaves do cenário de Belo Monte: Marcelo Salazar (Instituto Socioambiental), Antônia Melo (Movimento Xingu Vivo para Sempre) e Eliane Brum (também idealizadora do projeto); Deborah Noal e Cecilia Weintraub da Organização Médicos Sem Fronteiras; e as professoras Miriam Debieux e Maria Livia Tourinho, também pesquisadores da linha de pesquisa "Investigações em psicanálise" do IPUSP. Nesse sentido, o curso nos serviu para delimitar o campo de nossa atuação e imprimiu o enquadre mínimo do que viriam a ser os atendimentos.

Após o curso, os interessados se voluntariaram e, mediante análise e classificação dos currículos recebidos e da carta de interesse enviado pelo candidato, a equipe foi composta. Éramos quinze psicólogos e uma médica psiquiatra, advindos de lugares distintos, com idades entre 27 e 44 anos, e contávamos com homens e mulheres, negros e brancos: Anna Mariutti, Ana Carolina Perrela, Erika Pellegrino, Noemi Bandeira, Pedro Obliziner, Luciana Guarreschi, Vivian Karina da Silva, Layla Gomes, Flavia Ribeiro, Flavia Gleich, Rodrigo Souza, Christian Dunker, Eliane Brum, Maíra Riek, Cassia Pereira, André Nader e Ilana Katz. A diversidade da equipe se mostrou extremamente positiva, como não poderia deixar de ser neste caso, dado que enfrentamos também uma grande diversidade de pessoas em campo: homens e mulheres, jovens e velhos, solteiros(as), casados(as) e crianças.

Com a equipe formada, trabalhamos semanalmente textos de orientação que cercavam basicamente a discussão das bases do projeto de intervenção; o desejo de analista: política, tática e estratégia; o cuidado de si e a construção do caso clínico, além de trocarmos experiências e nos conhecermos um pouco mais.

Os atendimentos

Os atendimentos começaram já no dia seguinte à nossa chegada. Os primeiros encaminhamentos chegaram, principalmente, através dos líderes de movimentos sociais, e do mapeamento feito junto a eles na pesquisa de campo, uma vez que conheciam melhor os que estavam em uma situação de sofrimento intenso. Optamos pelo atendimento em duplas de clínicos, pois entendíamos que, diante do curto e intenso período da intervenção, era preciso tentar administrar e mitigar os efeitos de transferência que o encontro com o clínico pudesse despertar. Colaborou também para a escolha querermos contar, na escrita dos casos, com pelo menos duas perspectivas de escuta de cada caso, deixando excluído o empuxo por parte do clínico, qualquer possibilidade de uma visão única.

No entanto, logo após os primeiros dias, os que estavam em atendimento passaram a nos pedir para ver outros conhecidos que "não estavam muito bem", e então a estratégia "atendimento em duplas" não pôde ser totalmente cumprida, pois, a bem de atender mais alguns tantos outros, as duplas se dividiram. A equipe se disponibilizou e acolheu os ajustes derivados do contato com a realidade.

O tempo dos atendimentos era muito variável – uma hora, mas podendo chegar a duas – dadas as intercorrências que poderiam ocorrer no atendimento: a chegada de alguém na casa da pessoa escutada; o local onde estávamos, com mais ou menos pessoas em volta; o tempo de deslocamento até o local, fosse de carro, a pé ou barco.

Na escuta, partimos de um entendimento mais geral sobre sofrimento, como aquilo que produz efeitos nas diversas dimensões na vida de um sujeito, não se restringindo apenas às doenças físicas, mas ao que se infiltra nas relações sociais, nos funcionamentos familiares, nas possibilidades de se encontrar um trabalho. Sofrimento que advém da ameaça de não se ter uma segurança futura, de se estar despojado de um projeto futuro. Freud, em 1930, o chamou mal-estar. A partir dessa entrada tentamos um reposicionamento do sujeito no discurso, valendo-nos da liberdade que temos na tática e na estratégia de uma intervenção.

> *Avaliamos que nossos propósitos deveriam ser tão difusos quanto o estado do mal-estar que encontrávamos: favorecer ou desencadear processo de luto, reposicionar as identificações dos grupos, narrativizar o sofrimento, endereçá-lo a novas práticas de resistência social e aos novos modos de tratamento disponíveis, recompor situações críticas em termos interpessoais derivadas no assentamento e fragmentação das famílias e seus modos de vida e, finalmente, reposicionar os sujeitos diante de sintomas específicos que motivavam suas queixas e o endereçamento ao nosso grupo de cuidado: insônias, irritações, conversões e somatizações, impulsividades e depressões.*[14]

Logicamente a construção desse modelo de intervenção clínica não foi pensado sem outras ferramentas psicanalíticas: implicação do sujeito no seu sofrer, transferência e interpretação, e o uso destas nesta situação diversa da clínica dita tradicional. Quando lá estávamos a atender os pacientes, a construção desse modelo foi sendo

---

14 Ibid., pp. 22-32.

reformulada, quando necessário via supervisão dos casos e troca das experiências vividas pelos participantes. Como dizia Christian Dunker nestas ocasiões: "fazer o possível, respeitando o impossível".

As supervisões dos atendimentos clínicos, com Ilana e Christian, eram feitas no final de cada dia, mas também entre os atendimentos, durante os deslocamentos mais longos quando estes estavam presentes e, como ocorre nas supervisões psicanalíticas, tivemos o "reconhecimento de que o conhecimento adquirido em supervisão não é exterior à própria experiência; é produzido no seu exercício".[15]

Também, entre os clínicos, trocávamos percepções, o que ampliava questões, desobstruía a escuta e diversificava possíveis formas de intervenção. Longe de controlar a prática do clínico, as supervisões se mostraram um instrumento necessário para nos manter no trabalho de assentir com a perda dos ribeirinhos escutados e, a partir daí, via seus próprios significantes, encaminhá-los "na direção de que sua ancoragem desloque-se da experiência do idêntico, e seja suportada em traços identificatórios que guardem lugar para montagens singulares".[16]

A escrita dos casos clínicos

Como dissemos anteriormente, o projeto Clínica do Cuidado compreendia não só o cuidado com os atingidos, mas a documentação da intervenção por parte dos clínicos. Assim, a última parte do trabalho centrou-se na escrita dos casos atendidos, iniciada timidamente em Altamira, mas encerrada na solidão da escrita de cada participante,

---

15 Broide, E. (2017). *A supervisão como interrogante da práxis analítica – desejo de analista e transmissão da psicanálise* (p. 131). Escuta.

16 Ibid., p. 32.

escrita também dedicada a separar-se de seus pacientes e fazer o luto da vivência.[17]

Estabelecemos que a escrita seria livre, ou seja, não havia modelos prévios ou mesmo diretrizes de formatação da escrita dos casos clínicos – vinheta clínica ou transcrição de sessões, por exemplo –, embora fosse patente que estávamos todos na tradição freudiana de escrita de casos clínicos, o que significa dizer que não prezamos pela descrição fastidiosa dos fenômenos ocorridos no tratamento, mas pelos detalhes dissonantes do encontro clínico.

Por fim, todo esse material foi diretamente enviado aos coordenadores do projeto para diferentes destinações, embora com um mesmo desejo de base: restituir ao espaço público, através da documentação da história contada dessas pessoas, um sofrimento não reconhecido por este, dando a conhecer também a dimensão política que a clínica pode portar. É importante ressaltar que os atendidos eram comunicados, desde o primeiro contato, de nosso desejo de produção e publicação desse documento com os testemunhos, o que não causou entraves, mas interesse na possibilidade de terem a história de sua região e de sua época contada por suas vozes.

A ideia era que os clínicos pudessem ser passadores[18] desta experiência aos moldes do que Lacan[19] postulou como o dispositivo

---

17 Dunker, C., Ramirez, H., & Assadi, T. (2017). *A construção do caso clínico em psicanálise: método clínico e formalização discursiva* (p. 9). Annablume.

18 Os passadores são aqueles que, dentro do dispositivo do passe, expõem o testemunho de um passante perante a comissão de garantia de uma Escola de Psicanálise. O dispositivo do passe foi uma criação de Lacan para tentar recolher o momento de passagem do analisante à analista. (cf. "A proposição de 9 de outubro de 1967 sobre o psicanalista da Escola", em *Outros Escritos*, Zahar, 2003, p. 248).

19 Cf. "Um procedimento para o passe", em *Opção Lacaniana*, (18), abril 1997 [1967], *Intervenção na sessão de trabalho "Sobre o passe"*, 3 nov. 1973. Inédito.

do passe, adaptado à situação do nosso projeto. Esse documento testemunhal, elaborado a partir de diferentes clínicos, foi organizado pela Ilana Katz, que sublinhou ditos e extraiu dizeres na intenção de compor uma forma de preservação pública da memória comunitária através das narrativas de sofrimento. Sua intenção era:

> *passar esses casos, fazer com eles outra escrita, singularizados e despessoalizados para que essa história, dessa época, seja contada. Rodamos 2.600 km de carro e muitos outros de voadeira pelo rio. Mas, rodar mesmo é fazer isso que registramos, passar.*[20]

20 Katz, 2019, p. 34.

1. O contexto

Quem conhece a prática da pesquisa nas ciências humanas sabe que, ao contrário da opinião comum, a reflexão sobre o método geralmente não antecede, mas é posterior a essa prática.

Giorgio Agamben, 2019

Destinamos um tempo a descrever e analisar a experiência Clínica do Cuidado em Altamira com o desejo de auxiliar possíveis reproduções desse dispositivo em situações semelhantes, em que catástrofes naturais e/ou antrópicas condenam a população local a uma extrema vulnerabilidade psicossocial, assim contribuindo com a discussão sobre impasses e desafios da prática clínica psicanalítica.

Essa contextualização define e delimita nossa escuta como clínicos e como passadores do testemunho e, consequentemente, o texto dos casos clínicos. Mais que isso, essa separação legitima o que está em jogo no que se convencionou chamar de psicanálise extramuros, psicanálise em extensão ou ainda clínica ampliada, ou seja, estar a par das decorrências dos discursos sociais que envolvem sujeitos tornados, muitas vezes, não mais que dejetos.

Clínica do Cuidado: uma intervenção possível

A Clínica do Cuidado nasceu de uma percepção de Eliane Brum:[1]

> *Em 2016, eu estava andando pelas ruas de Altamira, num mês de janeiro. Era inverno amazônico, mas estava chovendo muito pouco. Eu tinha vindo com alguns psicanalistas para fazer uma pesquisa prévia para o projeto Refugiados de Belo Monte/Clínica de Cuidado, porque tinha percebido que algumas daquelas pessoas estavam em sofrimento mental intenso, aniquilador, por terem sido arrancadas de suas ilhas e beiradões do rio.* Precisavam de outro tipo de escuta.

O que Eliane percebeu, após tantos anos trabalhando com a população ribeirinha e sendo uma excelente "escutadeira",[2] é que nem os movimentos de lutas sociais, nem os poucos equipamentos de saúde mental da região, estavam preparados para lidar com o intenso sofrimento psíquico causado pela construção da Usina Hidrelétrica de Belo Monte. O que ela parece ter pressentido é o que a antropóloga Sônia Magalhães[3] verificou em sua pesquisa junto

---

1 "Eliane Brum: armada com palitos de fósforo", entrevista concedida ao site *Parêntese*, em 20 mar. 2020.

2 Escutadeira é como a jornalista e documentarista Eliane Brum se descreve.

3 Santos, S. M. S. B. M. (2007). *Lamento e dor: uma análise sócio-antropológica do deslocamento compulsório provocado pela construção de barragens* [Tese de doutorado]. Universidade Federal do Pará (UFPA).

aos atingidos pela construção de barragens, isto é, que o lamento e a dor destes tendem a se perenizar através dos anos.

Neste estudo socioantropológico a autora atravessa de 1984 – ano de sua entrada no território amazônico, notadamente de Tucuruí, no Pará – até 2006, quando finaliza sua pesquisa em torno do deslocamento compulsório provocado pela construção de barragens. Uma de suas conclusões é que houve uma fixação discursiva em torno do sofrimento social provocado pelos diversos fatores que engendram um deslocamento desse tipo, situação análoga à que encontramos em Altamira, por ocasião de nosso trabalho. O projeto Clínica do Cuidado foi uma aposta dos psicanalistas Ilana Katz e Christian Dunker na percepção de Eliane Brum, uma aposta de tratamento desse sofrimento que tende à perenização, como detectado na pesquisa de Sônia Magalhães.

Tanto Sônia Magalhães quanto Fernanda Vidal[4] apontam que, apesar da vasta literatura acadêmica sobre os atingidos por barragens, há ainda ausência de critérios para avaliar os desdobramentos do processo experimentado por essas pessoas que se encontram em uma infindável busca de restituição da situação perdida, em um luto nunca finalizado, como precisaria a psicanálise. No entanto, este sofrimento estabilizado em lamento não é incorporado às análises que corroboram para as decisões públicas, "na arena pública, este lamento é transformado em um discurso estéril e repetitivo, traduzido em perdas econômicas... que subsume o sofrimento, transformando-o em lista de coisas e bens materiais perdidos, inundados".[5]

Nesse sentido, esperamos colaborar para que essas análises levem em consideração outros tipos de perda que não apenas as

4 Vidal, F. B. (2012). *Saudade sim, tristeza não: memória do deslocamento compulsório e da reconstrução da vida dos atingidos pela barragem de Pedra do Cavalo em Santo Estevão* [Dissertação de mestrado]. Universidade Federal da Bahia.

5 Santos, op. cit., p. 260.

de bens materiais. A Clínica do Cuidado pretendeu, então, levar a uma parte dessa população, circunscrita e limitada pelas variáveis que um projeto desse impõe, essa outra escuta à qual alude Eliane Brum, escuta que ela conheceu em sua própria experiência de análise.[6] Escuta metodologicamente orientada pela psicanálise, que tentou transformar tristeza em saudade, via reconhecimento mútuo de uma perda, irreparável e irremediável, do modo de vida que essas pessoas levavam antes da chegada da UHE de Belo Monte.

Apostamos que esse discurso "estéril e repetitivo" poderia, no encontro com o clínico e através desse novo discurso criado por Freud – onde o analista, a partir da transferência, é o objeto que pode causar o sujeito[7] a querer saber o que vai mal, saber sobre seu sofrimento –, retirar do sujeito aí mergulhado algum movimento de vida.

O deslocamento compulsório se dá, geralmente, em condições em que não há, por parte do atingido nem do grupo ao qual ele pertence, poder de deliberação, e eles são submetidos à intervenção externa. Essas pessoas que Eliane Brum, não sem razão, escolheu nomear de "refugiados em seu próprio país"[8] fazem parte de uma massa mundial de pessoas que são submetidas à migração forçada por remanejamentos diversos. Segunda a Agência da ONU para Refugiados, em 2019, essa massa havia atingido a cifra de 79 milhões de pessoas,[9] por motivos de guerra, insegurança alimentar e/ou crises políticas.

---

6 Poderíamos ver aqui um pouco do que Lacan, na Proposição de 9 de outubro de 1967, chama de expansão do ato analítico, ou ainda a psicanálise em intensão que faz extensão?

7 Lacan, J. (1992). Discurso do Analista. In *O seminário, livro 17: o avesso da psicanálise 1969-1970*. Zahar.

8 Nomeação introduzida nessa discussão por Eliane Brum, em: *Vítimas de uma Guerra Amazônica.*

9 Fonte de dados: https://www.acnur.org/portugues/dados-sobre-refugio/.

Dentro dessa grande categoria vem ganhando força uma subdivisão chamada refugiados ambientais, ou eco-refugiados[10] (eco-réfugiés), designando aqueles que são obrigados a se deslocar em função de grandes transformações ambientais, provocadas por causas naturais, emergência climática ou interferências antrópicas, como é o caso de grandes construções como a UHE de Belo Monte, cuja marca registrada é o descompromisso com o futuro dessas populações. Como Ana Gebrim[11] e Miriam Debieux Rosa[12] apontam, utilizando o conceito de trauma em psicanálise e uma extensa pesquisa clínica juntos aos migrantes, esses deslocamentos forçados deixam marcas a serem elaboradas chamando à escuta singular de cada sujeito, escuta que promove uma transmissão da condição de refugiado pela narrativa de um exílio, e não apenas pelo sofrimento advindo do trauma, às futuras gerações.

Nesse sentido, a nomeação de "refugiados em seu próprio país" merece algumas considerações, dado que ela pareceria um contrassenso, já que refugiado é, por definição, aquele que deixa seu país de origem pelas razões acima explicitadas e, uma vez fora dele, não pode ou não quer, devido a grave e generalizada violação de direitos humanos, regressar a ele. Como podemos ter então refugiados em seu próprio país?

---

10 Ou refugiados climáticos, como nomeou o deputado Matheus Gomes (PSOL), por ocasião da catástrofe de alagamento que abateu a região de Porto Alegre, entre outras cidades, em abril de 2024. Sua preocupação aponta o risco de que as cidades provisórias propostas para abrigar as vítimas das chuvas no Rio Grande do Sul se transformem em um campo de refugiados climáticos. Preocupação que subscrevemos.

11 Gebrim, A. (2018). *Psicanálise no front: a posição do analista e as marcas do trauma na clínica com migrantes* [Tese de doutorado]. Universidade de São Paulo.

12 Rosa, M. D. (2016). *A clínica psicanalítica em face da dimensão sociopolítica do sofrimento.* Escuta/Fapesp.

Flusser, em "Habitar a casa na apatridade",[13] contribui para a discussão sobre refugiados ao apresentar uma outra ideia de pátria, para além dos limites geográficos. Para ele, a pátria é uma rede simbólica de ligações comuns, que podem ser impostas pelo nascimento em um determinado território, mas também pode se tecer por laços de amizade e amor escolhidos em uma experiência de liberdade em relação ao acontecimento biológico, tessitura feita por hábitos inconscientes. Com seus hábitos e redes de ligação social destruídos, a população deslocada em função da UHE de Belo Monte, em que pese continuar habitando a mesma região, não vive mais como antes nem tampouco na mesma configuração territorial, tal qual a massa de refugiados que temos pelo mundo.

Neste momento temos que fazer um pequeno desvio, pois não nos passa despercebido a falta, nos Refugiados de Belo Monte, do traço que marca a figura do refugiado, a saber, o fato de que ele se encontraria fora de sua língua materna, uma vez que ao deixar sua pátria ele deixaria também sua língua. Bom, estávamos em Altamira, Pará, logo no Brasil e na língua portuguesa, certo? Sim, tecnicamente sim. Mas aqui estamos na função e campo da fala e da linguagem e a eles não respondemos apenas pelo técnico, mas pelo que há de vivo neles e que é proveniente da intromissão da história de uma região, da população lá existente, dos diferentes atores sociais no encontro com essa mesma língua.

Queremos acentuar assim que essa comunidade tem um léxico muito particular; suas palavras, seus modos de dizer, suas inflexões linguísticas não obedeciam necessariamente ao nosso português corrente, principalmente ao português do centro-sul. Não raro precisávamos de um tradutor, um intérprete, um dicionário, não para "tudo compreender", mas para nos orientar nesta outra língua e acima de tudo tratá-la mesmo como estrangeira, não impondo

13 Flusser, V. (2007). *Bodenlos. Uma autobiografia filosófica*. Annablume.

nossa maneira de falar, nossos significados e traduções, posto que não é objetivo daqueles que se guiam pela psicanálise colonizar a língua daqueles que escutamos, mas, ao contrário, dar ouvidos à condição de estrangeiros em nós mesmos.

A existência desse léxico particular também contorna muitos dos problemas que ocorreram no processo de implementação da UHE de Belo Monte, uma vez que vários dos desencontros e golpes sofridos derivaram de uma certa incompreensão dos ribeirinhos em relação à linguagem jurídico-administrativa utilizada pela Empresa Norte Energia nas negociações. Essa linguagem – poderíamos dizer também um discurso – era sentida como invasiva, que "não era daqui", uma outra língua para eles.

Mas por quais rastros esse português ribeirinho poderia ter se formado? Vale lembrar que até o século XVIII o Brasil não falava exatamente português, mas o que se chamava língua geral ou língua brasílica, largamente usada em quase todo o território colonial brasileiro. Uma língua que absorvia mais o tupi do que o português tal qual o conhecemos atualmente. O tupi foi falado até o final do século XVII, após o que se foi transformando na língua geral, em seus dois principais ramos, a Amazônica e a Meridional. A língua geral amazônica transformou-se, no século XIX, no nheengatu, formando-se, no Maranhão e no Pará, da língua falada pelos tupinambás que ali estavam e que foram aldeados pelos missionários jesuítas, juntamente com muitos outros indígenas de outros idiomas e etnias. Foi "por meio das línguas gerais que a América indígena se encontrou com a América portuguesa".[14]

A partir de 1750, o projeto do governo português era ampliar e oficializar o uso da língua portuguesa, fortalecer o Estado, inserir

---

14 Navarro, E. (2012). O último refúgio da língua geral no Brasil. *Estudos Avançados*, *26*(76), 246.

os indígenas na sociedade colonial e enfraquecer a Igreja a partir de diversos decretos e algumas tantas perseguições. A capitania de Grão-Pará, justamente a região onde estávamos, foi independente e resistiu a esse fortalecimento do Estado e sua consequente oficialização da língua portuguesa. Há, então, ali, na história da instituição do português como língua brasileira, uma dissidência linguística, fruto da resistência dos chamados cabanos, insurreição que deixou trinta mil caboclos e indígenas destribalizados mortos.[15]

Dessa dissidência linguística sobrou-nos o estranhamento da escuta deste português diferente, estranhamento que mantivemos e que nos possibilitou posicionarmos com a liberdade de um estrangeiro ávido por conhecer de perto a língua alheia, mas não desconhecida. Neste sentido, deixo o relato, escrito à época junto aos casos que atendi, de uma experiência comum para mim, mas desconhecida em meu próprio país:

> "Em algum momento, entre os primeiros quatro ou cinco dias, reencontro um acontecimento em mim – dificuldades com a língua materna. Palavras e nomes em português não me vinham à mente, ou me vinham com dificuldade, nas conversas com os colegas, mas não nos atendimentos. Esse acontecimento frequentemente me ocorre (e a outros) quando estou fora do país, falando outra língua. E falando a outra língua me acho em falta com a materna. Mas por que ali? Tecnicamente estava no Brasil. Estava? Mas por que não nos atendimentos? Bom, nas vezes em que me faltaram as palavras eu contava algo de minha memória afetiva, criada e narrada em português, e me faltavam... nos atendimentos estava em outra língua e minhas

15 Ibid.

memórias não estavam em jogo… ou estavam? Terreno movediço… nada é seguro. Me fio no estrangeiro da experiência."[16]

Retomo a expressão "refugiados em seu próprio país",[17] legitimada por Bruno Latour em *Onde aterrar?*, na atualização do tema:

> *Aos migrantes vindos* de fora, *que cruzam as fronteiras correndo o risco de enormes tragédias para deixar seus países, juntam-se, a partir de agora, os migrantes* de dentro, *que, ainda que permaneçam no mesmo lugar, vivem o drama de se verem* abandonados por seus países. *O que torna a crise migratória tão difícil de entender é que ela é o sintoma, em maior ou menor grau de aflição, de uma provação comum a todos: a de se descobrir* privados de terra.[18]

Criticando o que chamamos, de maneira banal, "globalização" – como aquilo que estabeleceria uma única visão de mundo, dada por um único modelo de desenvolvimento, limitado a certas unidades de medida e que ignora a multiplicidade de existências no mundo –, Latour desenha um futuro funesto caso não nos apercebamos da negação sistemática da existência de uma mutação climática em curso, sendo "clima" entendido por ele como "as relações dos humanos com suas condições materiais de existência".[19] Tal previsão funesta se confirmou na população ribeirinha de Altamira, dado que foram justamente as condições materiais de sua existência que

16 Luciana Guarreschi, arquivos não publicados.

17 Aprofundaremos essa discussão no Capítulo 4.

18 Latour, B. (2020). *Onde aterrar? Como se orientar politicamente no Antropoceno* (p. 15). Bazar do Tempo. Grifos nossos.

19 Ibid., p. 10.

lhe foram retiradas, literalmente, debaixo de seus pés, acarretando, além do esperado – fome e falta de acesso ao trabalho –, "sofrimento mental intenso, aniquilador, por terem sido arrancadas de suas ilhas e beiradões", nas palavras de Eliane Brum, citadas acima.

O que a psicanálise poderia ouvir sobre esse sofrimento? Christian Dunker,[20] percorrendo as práticas narrativas e as formas de mal-estar, bem como as oscilações entre a abordagem científica e os aspectos históricos das práticas de cura pela fala, compreende que há diferentes ideias sobre a cura, cuidado e tratamento e que, se na medicina moderna temos uma expectativa de saúde, nas práticas médicas da antiguidade teríamos uma expectativa de salvação. A cura como cuidado tem por referência o campo de conversão do mal-estar em sofrimento, assim como a clínica tem por referente a passagem do sofrimento ao sintoma. Essa ideia de salvação concorre para um desejo de restabelecimento do doente, marcando assim que "restabelecer-se, estabelecer-se novamente, voltar ao ponto em que se estava estabelecido, é uma ideia que liga, originalmente, o adoecer com a experiência da perda de lugar".[21]

Experiência que Latour transcreve assim: "Você já reparou que não são as mesmas emoções despertadas quando se é instado a defender a natureza – você boceja de tédio – ou a defender seu território – você imediatamente se sente mobilizado?".[22] Ou seja, a partir da possibilidade da sua perda de lugar, outros afetos se colocam, principalmente quando não há cuidados mínimos de preservação dos laços sociais, laços responsáveis pelo lugar simbólico de um dado sujeito em um dado lugar.

---

20 Dunker, C. (2011). *Estrutura e constituição da clínica psicanalítica: uma arqueologia das práticas de cura, psicoterapia e tratamento*. Annablume.

21 Ibid., p. 25.

22 Latour, 2020, p. 17.

Foi com Lacan[23] que a psicanálise pôde aprofundar a problemática da relação do sujeito com a esfera pública, saindo da oposição dual entre indivíduo e social, complexificando-a, dado que sujeito se constitui no e pelo campo do Outro, campo que nomeia o sujeito, dando-lhe um lugar. Este Outro não se limita à família onde se nasce, mas se estende às variações discursivas de um campo social e cultural marcado por um determinado lugar, uma determinada época e pelas forças discursivas diversas em circulação. Nesse sentido, podemos dizer que as variações discursivas podem tanto capturar e/ou silenciar o sujeito, inventando-lhe verdades, como propiciar, a esse sujeito, questionamentos sobre as verdades de um discurso?

Em nossa experiência, constatamos que a ausência dos cuidados na manutenção dos laços sociais impediu os ribeirinhos, em um primeiro momento, de facultar a experiência de perda a qual foram sujeitados. A experiência coletiva, responsável pelos processos identificatórios e de laço para o sujeito desse território, foi propositalmente desmontada pelos responsáveis pela obra, em uma clara política de destituição de lugares desses sujeitos. As negociações acerca da moradia da população ribeirinha foram feitas individualmente, em procedimento decidido pela concessionária Norte Energia, responsável pela obra, para desfazer e desmobilizar os laços comunitários, potencial fonte de resistência e solidariedade entre os atingidos.

Neste âmbito, Sabrina Nascimento[24] também observou em sua pesquisa que "a violência a partir do processo de criminalização dos movimentos sociais . . . como uma estratégia fundamental de

---

23 Lacan, J. (1998). Função e campo da fala e da linguagem em psicanálise. In *Escritos*. Zahar.

24 Nascimento, S. M. do. (2017). *Violência e estado de exceção na Amazônia brasileira um estudo sobre a implantação da hidrelétrica de Belo Monte no Rio Xingu* (p. 20) [Tese de doutorado]. Universidade Federal do Pará.

enfraquecimento e desarticulação das lutas que se estabeleceram ao longo de todos esses anos de embate contra a usina", mapeando o estado de exceção – com suspensão de normas, ilegalidades diversas no licenciamento e poder decisório por autoridade política – que se formou na Amazônia brasileira por ocasião da instalação da usina de Belo Monte.

Como resultado, entre outras perdas, tivemos o que Mirian Debieux Rosa[25] chama de desamparo discursivo, advindo da naturalização do desamparo social que apaga a força discursiva do sujeito, lançando-o muitas vezes no silenciamento e, no caso específico de Belo Monte, na imobilidade, principal sintoma detectado nos atendimentos junto à população.

A expulsão das pessoas de suas terras e a destruição de seus modos de vida causaram adoecimento, e, com pouca possibilidade de simbolização da perda dadas a essas circunstâncias, o sofrimento imperou e doenças físicas manifestaram-se – hipertensão, acidentes vasculares cerebrais, problemas cardíacos e depressão – gerando não só mais sofrimento, como também invisibilidade e exclusão do sujeito envolvido, que passou a ser apenas um número das estatísticas de saúde. É da natureza do discurso cientificista pretender um valor universal e excluir o sujeito como possível produtor de uma verdade sobre sua condição, deixando-o integrado às verdades que esse discurso produz, que, unido à lógica do modelo econômico neoliberal, coloca-o em lugar de resto.

Em Belo Monte aliou-se a essa lógica, como não poderia deixar de ser, a violência exercida pelo próprio Estado[26] – descumprimento das condicionantes mínimas de preservação, negligências diversas,

25 Rosa, 2016.

26 Para uma análise aprofundada da questão da violência do Estado nos empreendimentos desenvolvimentistas na Amazônia e especificamente no caso de Belo Monte, tem-se a pesquisa de Sabrina M. do Nascimento (2017).

casas queimadas, coerções, enfim, a lista de abusos é extensa. No que nos concerne, podemos dizer que tal violência contribuiu para que o acontecimento "Belo Monstro" – alcunha dado pelos ribeirinhos à UHE de Belo Monte que demonstra seu caráter intrusivo, enorme e estrangeiro – assumisse o estatuto de trauma para essa população. Consideremos um evento traumático quando esse relança o sujeito inconscientemente ao trauma originário de sua constituição. Quando esse evento não alcança um lugar na narrativa da vida de um sujeito, ele insiste – muitas vezes como lamento, em seu caráter repetitivo – como uma significação única à qual todos os acontecimentos futuros estarão condenados – ou seja, um acontecimento que não pôde passar à memória.[27]

A estratégia Clínica do Cuidado tentou oferecer outro tratamento a esse sujeito passado a número, escutando-o em seu sofrimento e testemunhando-o. Isso significa levar em conta o lugar de resto no discurso social ao qual esse sujeito foi relegado, o caráter violento e traumático perpetrado pelo deslocamento, além de sua nova condição de refugiado. Mas o que poderia a psicanálise nesta situação, já que não está no seu escopo fazer caridade?

O que poderiam os clínicos frente "às variações da expressão: nós não somos nada mais, somos apenas dejetos. Vamos dizer que isso é objetivo e que, portanto, nada sobra além da compaixão ou da ajuda?", como diz Colette Soler?[28] Ela também nos lembra o quanto a psicanálise ainda é criticada e acusada por se ocupar apenas do psiquismo, não levando em conta os determinantes sociais. Ora, essa crítica não é justificada, pois o que conhecemos sob o nome de psiquismo nada mais é do que o discurso do Outro, esse Outro que

27 Endo, P. (2013). Pensamento como margem, lacuna e falta: memória, trauma, luto e esquecimento. *Revista USP, 98.*

28 Soler, C. (2018). *O que resta da infância* (p. 140). Escuta.

é veículo dos traços identitários que marcam um sujeito no mundo onde ele vive, e é partir daí que vamos escutá-lo.

É aí que os testemunhos recolhidos da efetivação dessa clínica se mostraram uma importante ferramenta de transmissão desta clínica psicanalítica que se dedica a tratar do sofrimento advindo da dimensão sociopolítica de um dado acontecimento. Com a escrita desses casos, testemunhos dos cuidantes – como acabamos por nos apelidar –, pretendíamos uma forma de preservação pública da memória comunitária dessa população a partir da singularidade das diversas vozes colhida, além de restituir ao espaço público um sofrimento não reconhecido por este, dando a conhecer também a dimensão política que a psicanálise como teoria e prática de escuta e cuidado pode portar. Fazer escutar essas vozes é apostar que, na disseminação delas, poderá haver políticas públicas que as sustentem com dignidade neste território; encontra-se aí também a relevância desse estudo ocorrer em uma universidade pública, campo propício para a exploração deste material por pessoas das mais diversas áreas, contribuindo para os estudos das ciências humanas e para a visibilidade de um Brasil real, que deve se fazer presente nas pesquisas universitárias brasileiras.

O território de Belo Monte

A barragem da Volta Grande do Rio Xingu, proposta ainda durante a ditadura empresarial-militar no Brasil,[29] começou a ser construída em 2011, depois de quase quarenta anos de resistência dos movimentos sociais. Altamira fica a 749 quilômetros de Belém, capital

29 Para um exame detalhado, ver Fainguelernt, M. B. (2016). A trajetória histórica do processo de licenciamento ambiental da usina hidrelétrica de Belo Monte. *Ambiente & Sociedade*, *19*(2), 245-264.

de seu estado, Pará, e foi, desde o final do século XIX, polo de apoio para as investidas de desenvolvimento na Amazônia brasileira. Tais investidas fazem esse território participar de 98,5% das cidades da Amazônia onde a conjuntura de vida é pior que em outras regiões do Brasil, conjuntura associada ao modelo de desenvolvimento definido, principalmente, pelo desmatamento, uso extensivo da natureza e conflitos sociais.

Como é de conhecimento geral, essas investidas começam, de forma difusa, por grupos não indígenas, no século XIX e início do século XX e estão ligadas, em sua maioria, à exploração do látex das seringueiras nativas.[30] Tais grupos são formados por migrantes nordestinos que, patrocinados pela indústria extrativista da borracha e na tentativa de escapar das secas que assolavam a região Nordeste do Brasil, se instalam na Amazônia. São os conhecidos "soldados da borracha", e "os ribeirinhos ou beiradeiros que hoje vivem na região de Altamira são descendentes desses migrantes que vieram trabalhar nos seringais dos rios Xingu, Iriri e Riozinho do Anfrísio".[31]

É nesta população chamada ribeirinhos que a intervenção Clínica do Cuidado se centrou. Como veremos, essa população tem um modo de vida muito próprio,[32] oriundo da aproximação de costumes com a população local. Assim, para além da extração da borracha,

---

30 Para um período anterior a esse, temos a pesquisa de Ana A. De Francesco e outros, "História de ocupação do beiradão no Médio rio Xingu", em *A expulsão de ribeirinhos em Belo Monte*, Sociedade Brasileira para o Progresso da Ciência – SBPC, 2017.

31 Ibid., p. 42.

32 O constructo *modo de vida* é oriundo das Ciências Sociais e agrupa dois aspectos: relativo à condição de vida e relativo ao estilo de vida. Enquanto o primeiro corresponde às determinantes e condicionantes da vida em sociedade, o segundo versa sobre as singularidades presentes nas pessoas e em pequenos grupos, como os hábitos, normas e valores expressos pelos indivíduos. Segundo Braga, Fiuza e Remoaldo (2017) essa visão é compartilhada por aqueles que atuam com temáticas relativas à Saúde.

foram incorporados outros modos de subsistência, como a pesca e o roçar, além do extrativismo de diversos produtos da floresta. Também a cultura e os laços comunitários foram, com o passar dos anos, se tecendo de maneira ímpar.

Se faço questão de apresentar o território é porque encontro, logo nos primeiros atendimentos da Clínica do Cuidado, o resgate, por parte dos atingidos, dessa história. É assim que dona Orquídea[33] se apresenta: "sou beradeira desde molinha, filha de soldado da borracha com mãe cabocla raciada com índio", dando a conhecer sua origem e buscando uma localização frente às perdas de referências após a expulsão sofrida. Ou ainda Seu Kirpau, que também nos relata a história das atividades exercidas por seus pais e avós, algumas extintas hoje, entrelaçando-as à história da região. Seu avô, no início do século passado, dedicava-se à "caça de gato" (onça), tornando-se seringueiro, atividade ensinada ao pai e ao próprio seu Kirpau, ainda pequeno. Com a queda da borracha no mercado e as violências sofridas nas terras dos seringueiros, seu Kirpau migrou para o garimpo e, depois para a pesca. As trajetórias escutadas demonstram como, a partir da aproximação com indígenas e não indígenas, os ribeirinhos desenvolveram um modo de existência caracterizado pelo uso disperso e de baixo impacto na natureza, por grupos autóctones ligados por redes de parentesco, compadrio e amizade.

Modo de existência bem contrário ao tipo de empreendimento como "Belo Monstro" e de tantos outros antes deste. Tais tipos de empreendimento atraem grandes contingentes populacionais, impulsionando outro modo de relação com o território – que não o regido pela lógica de uso, e sim pelo acúmulo –, fomentando a extração ilegal da madeira da floresta, causando grande impacto aos recursos naturais da região. Essas "práticas predatórias inibem

---

33 Nomes modificados.

a emergência de uma economia do conhecimento da natureza e estimulam a permanência do que hoje pode ser chamada de economia de destruição da natureza".[34]

Após os ciclos da borracha, em 1969, começa a construção de uma grande rodovia visando ligar o extremo leste (região Nordeste) ao extremo oeste (na região Norte), com 4.260 km de extensão. A BR-230, mais conhecida como Transamazônica, foi criada durante o governo do ditador Emílio Garrastazu Médici (1969 a 1974), sendo uma das obras inacabadas realizadas durante o período do governo militar. Os militares da época narram: "A Transamazônica é um passo imenso no sentido da ocupação racional de uma área que se caracteriza por um vazio demográfico só comparável ao das desoladas regiões polares".[35]

Os militares seguiram insistindo e a estrada, a despeito das condições adversas de clima e vegetação, devastou o que viu pela frente, em mais uma tentativa, dentre outras que vieram antes, depois e mais ainda, de conquistar a indócil floresta. Nada é mencionado sobre os habitantes de lá, afinal, tratava-se de "preencher imensos vazios demográficos", sendo o mote propagandista da rodovia a ligação do "homem sem terras no Nordeste e a terra sem homens na Amazônia". Pareceu aos conquistadores do século XX que toda aquela vastidão verde era terra de ninguém. Para eles, populações das florestas não eram exatamente populações. Indígenas e ribeirinhos não contavam. Posição que parece ter seguido transmitida para os governos ditos democráticos, como se viu na construção da UHE de Belo Monte.

34 Abramovay, R. (2019). *Amazônia – Por uma economia do conhecimento da natureza* (p. 19). Elefante.

35 Fala contida na filmagem épica, feita à época da visita de Médici à Altamira, onde se assiste à queda de uma castanheira que marca o início da construção da BR-230. Este marco, o enorme tronco cortado da castanheira onde fixou-se uma placa de metal com os nomes dos benfeitores da construção da estrada, pode ser visto ainda hoje em Altamira.

Ao longo dos diversos ciclos político-econômicos do Brasil houve inúmeras tentativas por parte do Estado de fazer da Amazônia uma região produtiva e rica. Afinal, o que significa produtiva e rica e, mais ainda, para quem?

> *Há cerca de trinta anos os atores e o palco continuam os mesmos: índios, população tradicional, sociedade civil etc., de um lado, governo e seus asseclas de outro; o palco, a bacia hidrográfica do Xingu; o cenário a microrregião de Altamira.*[36]

Governo e seus asseclas: são então o destino da riqueza amazônica? Célio Bermann, professor do Instituto de Eletrotécnica e Energia da Universidade de São Paulo, em entrevista à Eliane Brum, parece concordar:

> *Brum – Quem perde a gente já sabe. Agora, quem ganha, além das empreiteiras envolvidas na obra?*
> *Bermann – Há as pessoas que ganham pela obra – fabricantes de equipamentos, empreiteiras. E há quem ganhe não financeiramente, mas politicamente, por permitir que essa articulação seja possível, porque é esse pessoal que vai bancar a campanha para o próximo mandato. É a escolinha ou o posto de saúde que eventualmente aquele vereador, aquele prefeito vai dizer: "É obra minha!". É isso que está em jogo. É dessa forma que a cultura política se estabelece hoje no nosso país. Isso precisa mudar. Como? É complicado.*[37]

---

36 Magalhães, S., & Hernádez, F. (Orgs.). (2009). *Painel de especialistas – Análise crítica do Estudo de Impacto Ambiental do Aproveitamento Hidrelétrico de Belo Monte* (p. 39).

37 Eliane Brum, em *Belo Monte, nosso dinheiro e o bigode do Sarney*, 30 out. 2011.

Caberia perguntar até quando os ditos benefícios econômicos das intervenções na Amazônia continuarão sendo mais importantes do que os custos socioambientais das grandes obras de desenvolvimento. Seria esse o tipo de desenvolvimento propício a essa região? Ricardo Abramovay defende, há tempos, outra produção de riqueza mais aliada às comunidades tradicionais da Amazônia. Para ele é possível o surgimento de uma economia do conhecimento da natureza, cuja base é dada pelo extrativismo sustentável, pelo turismo ecológico e pelo manejo e restauração florestal com espécies nativas. Tal conhecimento da natureza está intimamente ligado ao modo de vida indígena e ribeirinho, que construíram esse conhecimento transmitido de geração em geração.

Nada temos contra o progresso, desde que ele não integre o ideário iluminista, com sua crença adjunta, de que as sociedades devem, e passam, de uma condição primitiva a uma civilização elevada. No entanto, essa ideia de progresso que costuma considerar os deslocamentos compulsórios uma consequência inevitável do desenvolvimento e pode ser encontrada, sobretudo, nas análises apologéticas, ancoradas em noções jurídicas e políticas de "bem comum" e "desenvolvimento nacional", tão explicitadas no último governo federal sob a batuta de Bolsonaro.

Tais análises parecem deixar de lado o caráter nefasto advindo do abandono de áreas protegidas, se atrelando mais aos interesses do proponente do empreendimento, situação vergonhosamente constada em Belo Monte, mas também em outras iniciativas como esta. Tais iniciativas "fomentam a violação do estado de direito, sacrificam imenso patrimônio cultural e trazem prejuízos econômicos nem de longe compensados pela renda advinda da extração predatória dos recursos destes territórios".[38]

---

38 Abramovay, R. (2019). *Amazônia – Por uma economia do conhecimento da natureza* (p. 20). Elefante. Ao que parece, pelo menos na Noruega, tais violações

Sobre os que ganharam não falaremos aqui, mas estivemos junto aos que perderam. Quem são eles?

População atingida: modo de vida, vivência e sofrimento psíquico sob Belo Monte

A partir do pequeno recorte sócio-histórico feito acima, poderíamos pensar então que nada de novo havia desta vez, já que a região é maltratada pelas mesmas problemáticas há pelo menos um século. No entanto, acresceu-se, com o evento UHE Belo Monte, um novo elemento: a separação geográfica das famílias[39] e da parentela por meio de seu reassentamento em unidades residenciais que não consideravam seu modo de viver e morar, impossibilitando-os, num primeiro momento, de encontrar em seus pares uma forma de reconstituir a vida, prática comum nesta população. Lembro-me de Seu Antônio, escutado em sua casa no Reassentamento Urbano Coletivo (RUC), dizendo que a casa não prestava, pois era feita por máquinas, e que qualquer tipo de ajuste ou modificação não poderia ser feito por suas próprias mãos nem pelas mãos de seus amigos, sua família estendida.

Algo que poderia ser ouvido como um simples queixar diz, na realidade, da complexa rede de apoio e parentesco que esta população teceu ao longo de sua formação, cuja característica é a mobilidade. Mobilidade necessária, uma vez que o uso da natureza

---

passaram a ser sancionadas; prova disso foi a exclusão do Fundo de Pensão do Governo das ações da Vale – pelo rompimento da barragem de Brumadinho – e da Eletrobrás –, "excluída por violações de direitos humanos relacionadas com o desenvolvimento da usina de Belo Monte no Brasil".

39 A população afetada direta e indiretamente por Belo Monte soma 317.472 pessoas. Entre estes, estão as 350 famílias de ribeirinhos que vivem nas Reservas Extrativistas (RESEX) do Rio Iriri, Riozinho do Anfrísio, Verde para Sempre e Médio Xingu, além de 21 comunidades quilombolas.

para viver é sazonal, assim, quando um seringal deixa de produzir ou um local de pesca está excessivamente explorado as famílias deslocam-se para novos postos e fazem novas moradias.

Se Seu Antônio se preocupa com ajustes e modificações de sua casa, é porque seu entendimento do que é uma casa envolve adaptar-se ao local onde se está, e isso inclui desde pendurar uma rede para receber os que estão também em mobilidade até dividir a roça trabalhada em conjunto. Toda essa tessitura territorial é "pressuposto para a existência da identidade do próprio grupo".[40]

Pedro Obliziner, companheiro de equipe, foi particularmente sensível à questão da identidade e de seu reconhecimento, entendendo que, apesar da dificuldade de definição do que é um ribeirinho, pois ocupa as margens do rio, mas mantém outras moradias, e trabalha a terra, mas tem a pesca como atividade ordinária, seu traço mais marcante não adviria dessas características, mas de um modo de vida marcado pela "experiência de uma vida comunitária, na qual as interações são pautadas mais pela concepção de troca que de posse". Dado a desmontagem desses laços comunitários que acometeu o sujeito, o sofrimento de indeterminação predominou e "possibilidades de se autorrealizar enquanto indivíduo foram prejudicadas, seus processos de reconhecimento intersubjetivo foram bloqueados".[41]

A escolha por essa população específica, os ribeirinhos, se deu porque, naquele momento, eles eram os mais invisibilizados e negligenciados pelas políticas públicas de proteção. Por sua condição híbrida – nem indígenas, nem citadinos –, ficavam em uma zona de

---

40 De Francesco, A. A. (2017). O deslocamento forçado de ribeirinhos em Belo Monte. In *A expulsão de ribeirinhos em Belo Monte* (p. 71). Sociedade Brasileira para o Progresso da Ciência – SBPC.

41 Obliziner, P. O. (2018). *O sujeito entre o ser e o não-ser: uma teoria do reconhecimento em psicanálise* (pp. 59-60) [Dissertação de mestrado]. Universidade de São Paulo. Ver principalmente Capítulo 4.

imprecisão; atesta essa condição o Conselho de Ribeirinhos, criado em 11 de novembro de 2016, em uma tentativa de estabelecer sua circunscrição enquanto povo tradicional, baseados no princípio de autodeterminação dos povos.

A realocação dos ribeirinhos em casas de alvenaria nos RUC em Altamira, política de reassentamento imposta pela Norte Energia, desmontou tudo o que compunha o território subjetivado desta população, ou seja, a casa, os laços de vizinhança, as atividades extrativistas de sustento; isso significa dizer que a mudança se deu em toda a configuração da vida comezinha, do cotidiano, do próprio dia a dia.[42] Como constatou a equipe encarregada da inspeção coordenada pelo Ministério Público Federal (MPF, Altamira):

> *Constatação n. 07: Verificou-se que a Empresa Norte Energia se nega a reconhecer a realidade peculiar do ribeirinho, que se faz num trânsito constante entre o rio Xingu e a cidade, com moradias lá e cá, ambas imprescindíveis à manutenção do seu modo de vida, ao sustento de sua família (pesca e venda do peixe e demais produtos) e ao acesso aos aparelhos públicos essenciais, como educação e saúde.*[43]

Essa constatação nos lembra que as condições mínimas de reparação tanto das perdas ambientais como as sofridas pela população não haviam sido cumpridas quando, no final de 2015, a região começou a ser alagada, a partir da concessão da Licença de

---

42 Como escreveu Hannah Arendt, deixando claro que a perda de uma casa é muito mais que isso: "Perdemos a nossa casa o que significa a familiaridade da vida quotidiana. Perdemos a nossa ocupação o que significa a confiança de que tínhamos algum uso neste mundo" (We refugees, *Menorah Journal*, *31*(1), pp. 69-77, 1943, tradução nossa).

43 De Francesco et al., 2017, p. 71.

Operação (LO 1317/2015). Isso significa dizer que a população foi deslocada sem ter como se sustentar – com todas as ressonâncias que esse verbo pode conter – em pé. Nas palavras de um deles: "Não está bom não. Lá a gente tinha tranquilidade, aqui não tem trabalho. Quem é do mato não sabe viver na rua. Lá você quer uma fruta, sabe onde tem, aqui a gente não sabe fazer dinheiro".[44]

Não à toa, como dito acima, o sintoma mais visível foi a imobilidade, em suas variações discursivas: "na cidade o dia não passa", "tenho vontade de abandonar tudo, mas como não tem lugar de destino, fico onde estou", "às vezes quero voltar pra trás, isso não dá, mas eu também não consigo ir pra frente, estou parado", "eu nunca fiquei parado, mas agora..." ou ainda, "o rio parou". Embora "parado" seja usado, muitas vezes, como sinônimo de "sem trabalho" nessa região, nos atendimentos ele ganhou valor de significante que representa o sujeito, condenando-o à imobilidade naquele momento, sem um significante outro que pudesse imprimir algum movimento.

A esse acontecimento de Belo Monte os ribeirinhos responderam sintomatizando seu modo de vida anterior, de intensa mobilidade, e, com isso, adoecendo. Como consta no relatório da Sociedade Brasileira pelo Progresso Ciência – produzido pela Clínica do Cuidado e pelo Projeto Xingu da Universidade Federal de São Paulo (Unifesp) – sobre os impactos em saúde no contexto de Belo Monte, os "movimentos de vida e saúde na região se compõem em torno do rio e das famílias e assim devem ser compreendidos".[45]

---

44 Ibid., p. 111.

45 Katz, I., & Oliveira, L. (2017). Considerações sobre os impactos em saúde, no contexto do deslocamento forçado de ribeirinhos em Belo Monte. In *A expulsão de ribeirinhos em Belo Monte* (p. 205), Relatório da SBPC.

Foi possível ver o quanto a violência do Estado – que não se fez presente na proteção da população[46] – e as negociações do tipo "é pegar ou largar" ou "é isso ou nada" colocadas pela Empresa Norte Energia, além do deslocamento em si, constituiu-se uma experiência traumática no campo do sujeito. A tratativa dada foi a mesma que vemos atualmente nos grandes centros, qual seja, a patologização da experiência nomeada pelas diversas siglas do Manual de Psiquiatria (DSM-5) – depressão, ansiedade, estresse etc. Esse tipo de tratativa costuma alienar o sujeito e dificultar seu entendimento da experiência traumática, pois a desarticula de seu contexto, de sua inscrição no interior da vida social. O que retorna no corpo, seja como inibição, sintoma ou angústia, "são marcas de uma revolta que não encontrou voz", como diz Safatle.[47] A questão é que:

> *a redução das modalidades de sofrimento a uma mesma gramática normativa e a uniformização dos sintomas à sua forma ocidental contemporânea são processos ideológicos relevantes, tanto porque funcionam como neutralização do potencial crítico que os sintomas psicológicos trazem para a compreensão de determinado estado social quanto pelo papel que os sintomas sempre tiveram, de produzir novas modalidades de laços sociais.*[48]

É neste sentido que Ilana Katz e Lavínia Oliveira propõem a categoria "Sofrimento Psíquico" para examinar a experiência dos ribeirinhos atingidos por Belo Monte visando ampliar as possibilidades de cuidado e tratamento, incluindo em seu espectro toda a

---

46 Como é sabido, a Defensoria Pública da União chegou em Altamira em 2015, ainda que as obras de construção da UHE Belo Monte tenham começado em 2011.

47 Safatle, V. (2020). *Maneiras de transformar mundos* (p. 94). Autêntica.

48 Dunker, C. (2015). *Mal-estar, sofrimento e sintoma* (p. 35). Boitempo.

experiência de sofrer por eles relatados, dado que a maneira como compreendemos o adoecer condiciona sua maneira de tratá-lo.

Tanto a separação dos ribeirinhos de sua família estendida como o tamponamento da experiência de Belo Monte sob um nome diagnóstico dificultaram aos ribeirinhos adoecidos a possibilidade de ensejar a construção de narrativas acerca do ocorrido. Na ausência de tais narrativas, que nada mais são do que tentativas de subjetivação de uma experiência, o mal-estar fica reduzido à dor sensorial.[49]

Se um diagnóstico define as possibilidades de tratamento e se para a psicanálise a estreita relação entre sofrer e constituir sintoma se dá pelo desligamento deste com o que o desencadeou, nada mais lógico do que o apelo à rememoração e a narrativa para que este possa ser tratado. Bem nos mostra isso Flávia Gleich, outra colega de equipe:

> *A história de Seu Francisco que foi contada, ali, de forma diferente, e chegou às suas filhas e mulher – que até então não haviam sido incluídas em sua narrativa daquela forma. Uma de suas frases que parece condensar o sentido atribuído à transmissão nos foi dita num dos últimos momentos de um dos encontros: "a humanidade pode se sustentar onde for possível construir histórias de vida".*[50]

Krenak provavelmente concordaria com Seu Francisco, já que uma de suas ideias para adiar o fim do mundo passa por "sempre

---

49 Ibid.

50 Gleich, F. (2019). Do silêncio ao testemunho: uma história de Belo Monte. *Intercambio psicoanalítico*, *VII*(1), p. 209.

poder contar mais uma história".[51] Isso nos leva à proposta da Clínica do Cuidado, um dispositivo de atenção ao sofrimento psíquico para atender aqueles que, em curto espaço de tempo, perderam as referências fundamentais de organização e funcionamento da própria vida e de documentação desse sofrimento narrado.

O nome partiu de uma das traduções possíveis do conceito de cura – cure em francês – que é justamente "cuidado", como na *cura sui* dos latinos, e que parece localizar-se na arqueologia da prática psicanalítica entendida como uma ética.[52] Neste cuidado coube a invenção própria de cada cuidante no encontro clínico com cada ribeirinho, coube a escuta das repetições infindáveis das dores de se ver exilado em seu próprio país, escuta que acolheu paralisias e, por breves e necessários instantes, fomentou movimentos, como na vinheta clínica acima. Sendo as invenções possibilitadas pelo que Lacan nos legou sobre a ética da psicanálise e seus correlatos: a política, a estratégia e a tática na direção de cura.[53]

Lacan estabelece que a política que cabe ao analista é de seu posicionamento em sua falta-a-ser; isso significa dizer, entre outras coisas, que a ele fica interditado o apoio em seus próprios significantes e seus julgamentos pessoais, dado que se trata de evidenciar a posição subjetiva daquele que escutamos frente aos seus próprios significantes remontados em sua história. No entanto, se ele não é livre na política, teria mais liberdade em sua estratégia e em sua tática na condução de um tratamento, na medida em que deve levar em consideração as variantes da técnica articulada aos "meios

---

51 Krenak, A. (2019). *Ideias para adiar o fim do mundo* (p. 27). Companhia das Letras.

52 Dunker, C. (2011). *Estrutura e constituição da clínica psicanalítica: uma arqueologia das práticas de cura, psicoterapia e tratamento*. Annablume.

53 Lacan, J. (1998). A direção do tratamento e os princípios de seu poder. In *Escritos* (p. 591). Zahar.

de intervenção do psicanalista, a transferência e a interpretação".[54] Assim, não foi sem esse entendimento sobre a direção do tratamento que a invenção – o termo é este mesmo – Clínica do Cuidado foi possível. Neste ponto, podemos começar a abordar alguns elementos críticos de articulação entre essa experiência e a psicanálise.

O primeiro deles é questionar como uma prática de escuta nascida na Viena do final do século XIX – urbana, europeia, num período de decadência da aristocracia local e de instabilidade política e que, portanto, pressupõe certo tipo de subjetividade – pôde ser compatível com a escuta dessa subjetividade ribeirinha com um modo de vida bastante específico, às margens do Xingu, em plena Amazônia brasileira do século XXI. Se isso foi possível, como foi feito? A partir de quais modificações na técnica psicanalítica e de qual entendimento da prática clínica psicanalítica? Tais mudanças acrescentariam algo à psicanálise? Em que pontos a criticaria? O que aporta de interessante para a situação clínica, para essas pessoas, para essa comunidade? Vamos as essas articulações.

A questão da demanda entre outras

Em julho de 2017 apresentamos em Paris, na Convenção Europeia dos Fóruns do Campo Lacaniano, um curto texto chamado "Clínica do Cuidado – Uma intervenção possível" sobre o trabalho feito em Altamira. A mesa destinada ao nosso trabalho intitulava-se "Experiências" e a convenção tinha como tema "O dizer dos exílios". Se por um lado, os trabalhos apresentados tinham experiências distintas da nossa – a *Clínica do exílio, clínica do sujeito?* tratava de uma análise de uma criança de origem africana em um campo de

---

54 Checchia, M. (2015). *O poder e a política na clínica psicanalítica* (p. 182). Annablume.

refugiados e *"Marginalidade extrema, comunidade possível"* versava sobre a intervenção de psicanalistas nas tradicionais casas de caridade italianas para desabrigados, mantidas pela Igreja – por outro, tinham a mesma base, qual seja, o exercício da psicanálise clínica em campo estrangeiro ao do consultório e mesmo das instituições.

Feitas as apresentações, nos surpreendemos com a primeira questão vinda do público, formado majoritariamente por psicanalistas europeus: mas... e a demanda? De quem era a demanda? E a segunda questão: mas o que a psicanálise pode fazer em casos como esses? Com os indígenas? Deixemos de lado o absurdo desconhecimento sobre quem são indígenas e quem são ribeirinhos e nos centremos sobre a demanda.

É preciso postular de entrada que a demanda e todos os outros parâmetros do que se realiza em nossa cultura sobre uma psicanálise estão referidos à nossa cultura; isso significa dizer que não é que não haja demanda em outras organizações sociais, pois esta é humana, mas que o modo da demanda se articular é outro, uma vez que os elementos simbólicos em campo também são outros. Nesse sentido, escutar em meio ao Xingu é também escutar esta outra forma de organização, de funcionamento, tendo o cuidado de não parametrizar essa escuta a partir de nossa cultura. A demanda, pelo menos quando ocorreu nossa intervenção, não era um problema para aquelas pessoas.

Assim, perguntas como "de quem era a demanda?" ou pontuações como "essas pessoas não precisavam de escuta, e sim de assistência social" advindas de psicanalistas encerrados em seus consultórios nos pareceram escandalosas. Expliquemos: tomar a psicanálise, *ainda*, apenas como o que se pode fazer em um consultório fechado é ignorar e mesmo desvalorizar seu potencial transformador e subversivo, já tão extensamente demonstrado em outros campos, além de tomar-se como acima dos problemas da época.

Desde o apelo de Freud no Quinto Congresso Psicanalítico Internacional de Budapeste, em 1918, psicanalistas estão envolvidos de diversas maneiras nos âmbitos familiares, políticos, educacionais e hospitalares, exercendo sua responsabilidade tendo a psicanálise como fundamento de suas práticas. Ademais, é bom lembrar que a psicanálise, centrando sua prática na experiência do sujeito singular, ainda que ele esteja sempre em articulação com o grupo social, inaugura sempre um novo olhar quando aplicado a outros campos.

Isso posto, pesemos um pouco a noção de demanda, desenvolvida por Lacan predominantemente entre os anos 1956-1960, e intimamente ligada à construção do Grafo do Desejo.[55] Buscando esclarecer o advento do sujeito nas relações com o Outro, Lacan debruça-se sobre a tríade necessidade, demanda e desejo para localizar aí também uma clínica, uma vez que é no circuito da demanda que a transferência pode se dar e com ela os processos e impasses esperados dentro de um tratamento analítico. Lacan postula que a entrada do sujeito na linguagem ocorre na medida em que este deve traduzir a pressão da pulsão em significantes direcionados a um Outro. Dessa tradução – jamais inteiramente executada, dada a primazia da linguagem e sua sobredeterminação inconsciente sobre os sujeitos – restam a demanda e o desejo e a impossibilidade destes de conformação à realidade, serviço que a fantasia vem fazer.

Evocamos este início apenas para lembrar que a demanda não é algo consciente, como os desdobramentos posteriores de Lacan atestam sob a máxima "eu te peço que recuses o que te ofereço pois não é isso".[56] Este "não é isto" marca o reencontro da diferença entre o que se demanda e aquilo que se acredita desejar no endereçamento da demanda. A cada reaparecimento do "não é isso", nas diversas

---

55 Lacan, J. (1978). Subversão do sujeito e dialética do desejo no inconsciente freudiano. In *Escritos* (p. 807). Zahar.

56 Lacan, J. ([1971-1972] 2012). *O seminário, livro 19: ...ou pior* (p. 79). Zahar.

voltas da demanda de um tratamento analítico, pode-se operar a separação entre a demanda e o desejo, visando liberar o sujeito de sua alienação aos significantes do Outro.

O analista é, então, aquele que é suposto saber desta dialética inconsciente entre demanda e desejo e não toma toda demanda como correspondente a um pedido consciente. Isso implica dizer que não esperará uma demanda de análise para ofertar um tratamento, e mesmo que a oferta é anterior à solicitação. Acaso Freud não foi criador desta primeira oferta?

> *Apenas ele [o analista] pode ser a causa possível disso, não por sua resposta, mas por sua oferta antes da demanda. A oferta não responde, ela se coloca de antemão, é a condição primordial, inaugural, e deve ser bem distinguida da resposta.*[57]

Aliás, Colette Soler também nos indica que o "efeito de entropia analítica produzido no pós-freudismo é conhecido pela falta no nível da colocação em funcionamento da oferta freudiana",[58] efeito que, como vimos, também podemos encontrar entre os que se dizem lacanianos.

O importante a ser retido aqui é a pergunta: o que oferta um analista? Ele oferece a escuta do inconsciente, e isso não é diferente em Altamira, em um campo de refugiados ou em uma casa de abrigo italiana. Essa oferta que compreende o inconsciente é o próprio ato do analista e com ele dizemos, sem falar, que há significações sobre nós, sobre o outro e sobre o mundo que nos escapam e que não nos aproximamos delas senão reconstituindo, via fala livre, os

---

57 Soler, C. (2013, jul.). A oferta, a demanda e… a resposta (p. 16). *Stylus: revista de psicanálise*, (26), 15-32.

58 Ibid., p. 16.

desfiladeiros dos significantes do Outro marcado em nossa história pessoal. Essa maneira de escutar e falar instala a transferência ao mesmo tempo que deixa claro que não se trata de uma oferta de entendimento consensual, de um diálogo entre pares, com perguntas e respostas. Seria possível um ribeirinho do Xingu, em alguns atendimentos, dar-se conta disso?

Aqui a resposta deve ser clínica. Flavia Gleich escreve sobre o atendimento com um ribeirinho de meia-idade:

> "Seu Acapú se surpreendia quando reconhecia que algo fazíamos ali, parecia notar em seu próprio corpo os efeitos da palavra atravessada pelo inconsciente: 'vocês conversam diferente, nunca vi gente com tanta memória, vocês lembram de tudo que eu falo'. Dizia isso gargalhando, às vezes se espantava; sentado na cadeira jogava o peso do corpo pra trás e punha as mãos sobre a barriga, parecendo uma criança bem pequena diante de um objeto prazeroso, uma cena que produz algo inusitado."[59]

Sua parceira neste atendimento, Maíra Riek, outra colega de equipe, registra o mesmo acontecimento:

> "Algo interessante se passou nesse segundo atendimento: quando fazíamos alguma relação com o que dizia agora com o que havia dito anteriormente, uma risada muito forte e marcante aparecia. Não entendemos imediatamente o que era essa risada, o que ela significava. Mas era muito contagiante e nos fazia rir muito. Parecia uma risada de criança. Ao ser

59 Caso Seu Acapú, arquivos não publicados.

> perguntado o porquê da risada, ele nos disse que a gente 'lembrava de tudo', que a gente não esquecia nada do que ele dizia. Não entendia como isso era possível. Disse que a nossa conversa era muito louca e 'diferente'. Entendi, nesse momento, que Seu Acapú tinha percebido a marca de diferença da nossa escuta, e que a escuta do seu inconsciente lhe causava muito prazer."[60]

Podemos extrair dessas diminutas passagens clínicas a consequência extraordinária da escuta ofertada por um analista: o efeito sujeito. Longe de se posicionarem apenas enquanto ouvintes testemunhas ou de responderem ao sofrimento deste ribeirinho via algum saber "psi", as cuidantes interpelam essa "conversa muito louca" inaugurando um laço desconhecido para esse senhor, onde o outro não responde de maneira especular, mas sim via trajetos significantes, provocando como efeito a emergência do sujeito. O efeito sujeito é o que ocorre em um corpo vivente enquanto este fala e não pode ser confundido com nenhuma definição de consciência. Sem uma perspectiva de fechamento da divisão do sujeito em uma unidade impossível, a escuta dos significantes e suas ilações pode resgatar o sujeito afogado sob o nome identitário de "atingido".

No entanto, está claro que nem toda oferta pode gerar uma demanda, mas podemos nos perguntar sobre quais condições discursivas essa oferta pode se sobressair. Uma delas, nos parece, é a condição de sofrimento, que tem estrutura de demanda, na medida em que "pede por alívio", impulsiona a um "livrar-se disso", tarefa urgente que tende a buscar ajuda de um outro suposto saber sobre essa dor.[61]

---

60 Caso Seu Acapú, arquivos não publicados.

61 Dunker, 2011, p. 41.

Condição esta que encontramos em Altamira. E o que fizemos com ela? Sabíamos de antemão que nosso tempo ali seria limitado (voltaremos à questão tempo logo abaixo) e tínhamos o conhecimento de que quando convidamos alguém a falar livremente há sempre a possibilidade de abertura para uma série de conflitos que estavam em latência, além da convocação de "monstros" adormecidos, desdobramento esperado que não poderíamos reencaminhar facilmente, dadas as condições precárias dos equipamentos de saúde neste território. Como, então, mitigar os efeitos iatrogênicos do encontro com esse outro laço? Como tentar reduzir os efeitos colaterais que existem quando se convoca uma transferência?

Primeiramente invertemos a demanda, ou seja, fomos nós que, para além de atender ao chamado de uma jornalista, demandamos aos ribeirinhos sua história, marcando em cada caso atendido que éramos nós quem "precisávamos" deles, dada a importância de documentar o que ali ocorreu e ainda estava a ocorrer. Explicávamos que *sabíamos* que essa documentação, espécie de memória feita por cada um e por muitos, era muito importante pois esses processos de mudança, para além dos danos imediatos já sofridos por eles, podem ter efeitos ainda mais desastrosos a longo prazo, via transmissão para as gerações seguintes.

Oferecemo-nos, então, para este trabalho de documentação junto aos ribeirinhos, trabalho que poderia ser acrescentado aos argumentos contra novos empreendimentos futuros nos moldes de Belo Monte. Dizer que *sabíamos* da importância de documentar acontecimentos como o de Belo Monte pela perspectiva daqueles que os sofreram foi também uma modificação que operamos em nossa prática usual como psicanalistas, pois não costumamos convocar um saber para legitimar nossa prática cotidiana, embora este seja logicamente suposto pelo paciente.

A esta estratégia aliou-se a tática, ainda na tentativa de reduzir os efeitos colaterais da transferência, de escutar os ribeirinhos em dupla, que poderiam alternar-se, na busca de diminuir o poder da transferência quando este é concentrado em uma única pessoa. Foi uma ação pensada para mitigar os efeitos iatrogênicos do encontro com esse outro laço, onde o imprevisto é mais usual que esperado. E o imprevisto veio, em forma de mais encaminhamentos que o esperado, e foi acatado. Acabamos por perceber que nossa preocupação inicial, quase defensiva, era desnecessária.

Agora podemos nos perguntar se estas alterações foram impeditivas para que efeitos analíticos ocorressem. Acreditamos que não e a escrita dos casos clínicos poderá atestá-los com alguma frequência. Aliás, muito pelo contrário, rapidamente, os próprios ribeirinhos passaram a indicar parentes e conhecidos para que fossem escutados pela Clínica do Cuidado. Era comum, no final de um atendimento, ouvirmos algo como "vocês também poderiam conversar com meu vizinho? Ele não está muito bem...". Aqui a conhecida frase de Lacan cabe como uma luva: "Consegui, em suma, aquilo que se gostaria, no campo do comércio comum, de poder realizar com a mesma facilidade: com a oferta, criei a demanda",[62] porque escutei sofrimento no sintoma, poderíamos completar.

Escuta coletiva do sofrimento: demandas coletivas e políticas

Agora podemos conjecturar se a pergunta sobre a demanda, feita pelos colegas europeus, não nos pareceu um pouco escandalosa por ter revelado outra questão, qual seja, a de que há certo déficit

62 Lacan, J. (1998). Função e campo da fala e da linguagem em psicanálise. In *Escritos* (p. 623). Zahar.

neste campo, que enunciaremos assim: qual conceito de demanda poderíamos utilizar para casos como Belo Monte, casos em que emerge a necessidade de uma escuta de um sofrimento singular e comum, coletivo? Tentemos ensejar alguma resposta.

Ao atender o chamado da jornalista Eliane Brum, ela nos colocou em contato com os líderes dos movimentos sociais da região de Altamira. Esse contato se mostrou crucial para que pudéssemos ser vistos pela população atendida como pessoas dignas de confiança em meio ao clima de desconfiança e descrédito que imperava na região, em função dos abusos cometidos pela empresa Norte Energia. Os ribeirinhos se sentiam enganados, e foram, o que dificultava um estabelecimento de relações com novas pessoas. Neste contexto, Eliane gozava de grande credibilidade pelo seu trabalho de jornalista ter dado visibilidade nacional à situação de abuso que a empresa e o Estado, em sua ausência, cometeram contra eles, gerando algumas conquistas de direitos.

Esse tipo de contato gera uma amostragem "não probabilística que utiliza cadeias de referência" e resulta imprescindível para pesquisar grupos cujo acesso é dificultado pelos mais diversos fatores, sendo "útil para estudar questões delicadas, de âmbito privado e que, portanto, requer o conhecimento de pessoas pertencentes ao grupo ou reconhecidas por estas para localizar informantes para o estudo",[63] o que também se aplicava à nossa intervenção. Este tipo de amostragem, utilizada nas ciências sociais, muitas vezes com nomes diferentes e mesmo sem conhecimento desta, é mais conhecida por "amostragem bola de neve".

O pontapé inicial da amostra é sempre dado pelo informante-chave, nomeado como "semente", em nosso caso, Eliane Brum, que

63 Vinuto, J. (2014). A amostragem em bola de neve na pesquisa qualitativa: um debate em aberto (p. 203). *Temáticas*, *22*(44), 203-220.

tinha extenso contato com a população e facilitou a entrada nos mais diversos grupos sociais. Este informante-chave indica novos contatos, no caso, os líderes dos movimentos sociais e ribeirinhos com quem ela tinha mais proximidade. Esses contatos passam a ser considerados como novas "sementes", pois indicarão, a partir de sua rede pessoal, outras pessoas e assim sucessivamente. Foi dessa maneira que contamos com a confiança referida a ela e com *a transferência desta confiança* para a equipe, o que possibilitou sermos, na grande maioria das vezes, muito bem recebidos pelos ribeirinhos.

Os líderes dos movimentos sociais foram, então, responsáveis por organizarem as primeiras listas, em uma espécie de pré-triagem daqueles que os líderes supunham estarem em sofrimento excessivo, sem conseguirem retomar minimamente a vida. Assim se deu nossa amostragem, que forma um coletivo, ainda que a aproximação seja de um a um.

Já nos contatos preliminares que fizemos na pesquisa de campo, no encontro com as "sementes", observamos que a adesão a um discurso de militância – baseada nos direitos e na defesa de um contrato justo, na reivindicação de ressarcimentos financeiros – teve grande peso na produção de uma identidade coletiva para essas pessoas. Ernesto Laclau,[64] teórico político argentino influenciado por Lacan, defende a ideia de que, sendo o social um campo aberto de discursividades, a identidade seria o resultado de uma articulação discursiva.

Assim, ainda que haja diferentes identidades e com isso demandas particulares e não compatíveis entre si, em um determinado momento – a partir de um discurso comum articulador de diferenças – as demandas particulares podem juntar-se em torno de um significante flutuante ou vazio. Esse significante articularia as diferenças por momentos específicos, não as tornando um bloco

64 Laclau, E. (2005). *On populist reason*. Verso.

único, mas mantendo as demandas particulares presentes, ainda que suprimidas em prol do momento peculiar. Laclau observou também que a formação de grupos que têm valência enquanto movimento social se dá em torno da agregação e da identificação de uma demanda que é tida como comum àquele grupo, na verdade, tornada comum a partir de e/ou em torno de um significante vazio.

É assim que palavras como "justiça", "reconhecimento", "nós somos atingidos" ou ainda "a gente é pescador" acabam ocupando, para um conjunto de pessoas, uma função convergente a respeito do que diz a demanda. Isso significa que há uma percepção clara de que, quando se pede por algo em conjunto, pode-se ter mais força neste "pedir", mas essa força não exclui as demandas particulares, como também pudemos acompanhar.

Isso se dá, segundo Laclau,[65] na medida em que se produz certa funcionalidade neste enlace de um significante, por si vazio, que opera contra e com os discursos nos quais se dá uma determinada política reivindicativa ou judicativa. Fica claro que, como consequência dessa demanda coletiva, esta população não estava passiva ou desinformada, distante do processo de implementação de Belo Monte. Os ribeirinhos lutaram muito tempo contra a implantação da usina; alguns eram implicados diretamente nessa luta, outros um pouco menos, mas ela foi condição necessária, nos parece, para a criação de um lugar de pertencimento, como "a gente é pescador" ou ainda "somos atingidos".

É aqui que a criação da Conselho Ribeirinho do Reservatório da UHE Belo Monte – órgão deliberativo e autônomo destinado a fazer cumprir os princípios de autodeterminação e do autorreconhecimento no processo de reterritorialização[66] –, um acontecimento

65 Ibid.
66 Relatório de Reconhecimento Social do Ministério Público Federal.

político ao qual fomos chamados a participar, conjuntamente com as antropólogas Sonia Magalhães e Manoela Carneiro da Cunha, indica que intervimos também a partir de demandas coletivas e políticas. O Conselho Ribeirinho[67] nasceu de uma Audiência Pública em 11 de novembro de 2016 em uma tentativa de dar outro tratamento aos discursos jurídicos em movimento no território, sem desconsiderá-los, mas promovendo "o lugar de fala e autoridade de reconhecimento"[68] dos ribeirinhos nesses discursos, além de animar uma nova agregação e restituição dos laços comunitários.

A demanda para a participação neste evento nos ensinou que, para além da tradução dos sofrimentos individuais e de seu tratamento, também seria possível transformá-la em acontecimentos políticos, coletivos e públicos, pois a criação do Conselho foi "um acontecimento político de grande relevância para a reconstrução psíquica e enfrentamento subjetivo do sofrimento causado pela mudança do modo de vida desta população".[69] Ribeirinhos selecionados como conselheiros pela comunidade recebiam com honra sua função, reconhecendo a importância desta, mas também a importância da comunidade que se refundava a partir do estrago "Belo Monstro".

Nas reuniões de formação do Conselho Ribeirinho, os participantes, um a um, enunciavam seus traços de identidade entrelaçados ao território de pertencimento antes da barragem, os demais trabalhavam em torno de reconhecimento coletivo dessa história comum, que trouxe efeitos positivos em termos de rememoração e elaboração do ocorrido – que recolhemos nos atendimentos individuais em

---

67 Uma atualização sobre a importância do Conselho Ribeirinho e de suas conquistas pode ser acompanhada no vídeo "Os 5 anos de Belo Monte e a dívida do Território Ribeirinho".

68 Dunker, C., & Katz, I. (2017). Impressões e considerações sobre a formação do Conselho Ribeirinho. In *Relatório de reconhecimento social* (p. 108).

69 Ibid., p. 109.

termos de questionamentos de lugares preestabelecidos, como "os atingidos" – e disposição psíquica para um porvir.

Toda essa movimentação e desenvolvimento, mesmo com as dificuldades enfrentadas para se dizer "quem é e quem não é um ribeirinho", assim como seu deslocamento simbólico, em meio às discussões, para "o que é um ribeirinho?", teve inegáveis ganhos para a comunidade atual de ribeirinhos e, aguardemos, para a futura.

Isso posto, voltemos à invenção da Clínica do Cuidado. Que tipo de experiência, tida como inovadora, foi essa? Onde situá-la? Acreditamos que na série de tantas outras experiências já colocadas em prática por psicanalistas que não se acomodam facilmente às suas poltronas. A Clínica do Cuidado foi uma invenção, sim, mas isso não significa ausência de invenções anteriores, emergidas em momentos sócio-históricos extremos, nos quais o psicanalista precisa escolher entre renunciar à prática da psicanálise ou tentar alcançar em seu horizonte a subjetividade de sua época.[70]

Recenseando as práticas psicanalíticas do entre guerras – quando Freud ainda era vivo e atuante –, nas clínicas públicas das diversas capitais europeias, onde a segunda e terceira geração de analistas atuavam, descobrimos que: "Entre 1918 e 1938, a psicanálise não era um tratamento inacessível aos trabalhadores, não estava rigidamente estruturada, nem se prolongava excessivamente".[71] A partir de algumas dessas experiências, abordamos a questão das alterações práticas no tratamento em momentos históricos distintos.

---

70 Lacan, 1998.

71 Danto, E. A. (2019). *As clínicas públicas de Freud: psicanálise e justiça social 1918-1938* (p. 21). Perspectiva.

Tempo limitado, ética presentificada e inovações

A problemática sobre duração de um tratamento é, desde muito cedo, detectada por Freud, que, frente a perguntas tais como "Quanto tempo durará o tratamento? De quanto tempo o senhor precisa para aliviar-me de meu problema?", não esconde seu desconforto para em seguida chegar à conclusão: "Na verdade, a pergunta relativa à duração provável de um tratamento é quase irrespondível".[72]

Lacan tentou respondê-la e seus desenvolvimentos sobre o tempo lógico dão provas disso, bem como seu incômodo em torno da questão: "O inconsciente, profere-se num tom tão entendido quando menos se é capaz de justificar o que se quer dizer, o inconsciente demanda tempo para se revelar. Estamos de pleno acordo. Mas, perguntamos: qual a sua medida?".[73]

Nessa pequena citação fica claro que Lacan une a função tempo com o que se entende, ou antes não se entende, por inconsciente. Esta aproximação nos é muito cara, pois é a partir do aporte lacaniano de que o inconsciente é estruturado como uma linguagem – logo simultaneamente dentro de um discurso e na superfície da fala – que podemos manejar o tempo de uma análise não apenas pelo relógio. Esse entendimento de inconsciente distancia-se da metáfora antiga, mas ainda utilizada, do inconsciente como um *iceberg*, cuja parte visível representaria apenas o menor pedaço de sua verdadeira dimensão, submersa, de difícil acesso e que, consequentemente, necessitaria de muito tempo para ser alcançada.

---

72 Freud, S. (1990). Sobre o início do tratamento (Novas recomendações sobre a técnica da psicanálise I) (pp. 169-170). In J. Salomão (Org.), *Edição standard brasileira das obras completas de Sigmund Freud* (Vol. XII, pp. 163-187).

73 Lacan, 1998, p. 314.

Assim, a inclusão do tempo como um princípio na direção da cura em Lacan é, antes de tudo, um efeito de sua tese de que o inconsciente é estruturado como linguagem. Mas, como é de seu feitio, Lacan dá um passo a mais e coloca ainda o acento em outro lugar, a saber, na função do trabalho que é possível realizar em um dado tempo:

> *Como quer que seja, se o trabalho de nossa função durante esse tempo continua problemático, cremos ter posto em evidência suficientemente a função do trabalho no que o paciente nele realiza. Mas a realidade desse tempo, seja ela qual for assume a partir daí um valor local, o de recebimento do produto desse trabalho.*[74]

Isso posto, voltemos à Clínica do Cuidado e a experiências semelhantes. A questão que nos colocamos foi se poderíamos ir a Altamira e escutar o sofrimento dos ribeirinhos desde nossa posição de psicanalistas. O que implica dizer que estávamos dentro da ética da psicanálise,

> *que dirige e orienta a clínica que dela procede, esbarra com os efeitos do discurso da contemporaneidade, mas barra o mal-estar específico desta civilização quando mantém a subversão do sujeito barrado e eleva a sua causa à dignidade de agente de um novo discurso, um novo laço que preserva o "efeito revolucionário" do sintoma.*[75]

---

74 Ibid.

75 Fingermann, D. (2015, out.). Laços e desenlaces: reviravoltas na clínica psicanalítica (p. 72). *Stylus: revista de psicanálise*, (31), Associação Fóruns do Campo Lacaniano.

A partir desta ética seria preciso saber qual a intervenção possível que poderíamos fazer junto aos ribeirinhos levando em consideração o tempo que tínhamos de estadia, de quinze dias. Isso seria uma limitação? Se sim, em relação a quê? A empreender uma análise nos moldes reconhecidos nos grandes centros do país, não temos dúvida que seria uma limitação. No entanto, nunca foi nosso objetivo a construção fantasmática singular, e todo seu corolário, dos atingidos escutados. O tempo que precisávamos era o tempo para se enlaçar um conflito e se desenlaçar uma solução ou um caminho, no qual o sujeito da palavra pudesse se amparar.

Tendo limitado nosso campo de atuação, abriram-se outras possibilidades. Assim, nos centramos no possível a ser feito dentro da ética acima exposta, o que permitiu o estabelecimento de transferências, experiências de implicação subjetiva, e através destas, não raro, uma mudança no discurso se operou na pessoa escutada. Chamamos aqui mudança de discurso o descolamento do discurso de militância e reivindicativo que operava com muita força naquele momento e que, se teve seus inegáveis benefícios, passou a impedir alguns de ensejar a experiência de perda singular e retomar saídas possíveis na nova forma de vida a que foram submetidos.

Apresentando um discurso diferente do discurso que preconizava medidas de restituição, sem ignorar a importância deste, mas acentuando sua limitação – afinal, pode-se restituir uma casa, mas não a perda de um lar –, recolocamos, nos atendimentos, a dimensão da perda, muitas vezes negada, mesmo que a barragem estivesse pronta e em funcionamento.

A recolocação do traumático, se assim poderíamos dizer, por parte dos analistas tinha como visada evocar marcas singulares dos sujeitos escutados, mesmo que estas marcas viessem de um traumatismo coletivo, para a partir delas recobrar algum sentido na singular vida do sujeito. Pois, como explicita Nominé:

> *A percepção é insuportável, pode ser traumática quando não a entendemos, quando não conseguimos relacioná-la com algo conhecido, quando isso não faz sentido. O fato de lhe dar sentido, de inscrevê-la em uma história, já é, por si só, uma forma de lidar com uma experiência excessivamente percebida como traumática.*[76]

Isso significou, na prática clínica com os ribeirinhos, poder escutá-los em seu lamento, ratificar a catástrofe de Belo Monte, mas também questionar, quando a transferência permitia, sobre expectativas anteriores a Belo Monte, sobre os traçados significantes de suas histórias de vida. Neste movimento entre o presente e o passado buscamos auxiliar na construção de possibilidades futuras, privilegiando a interrogação dos significantes do desejo inconsciente desses sujeitos, sancionando a aparição de movimentos de vida. Foi assim que Dona Albizia nos guiou durante os três únicos atendimentos que tivemos com ela:

> "E quando já estávamos quase presas na teia que se armou, uma frase luz nos guia 'tudo ficou distante e me acho só, mas quando a mãe vem aí disparece [sic]'. Ela nos guia a trazer um pouco de vida onde só morte há. Nos conta então que esteve já longe da mãe, quando mais nova, para trabalhar no garimpo, mas que retornou pois ambas não aguentaram ficar separadas. Desde então casou-se e morou toda a vida perto da mãe, que agora pouco a vê. Sugerimos que fosse vê-la com mais frequência, ao que ela consente relembrando uma frase de sua mãe 'não tem distância

---

76 Nominé, B. (2024). *O presente do presente: ensaio psicanalítico sobre o tempo* (p. 143). Blucher.

> para ver a mãe'. Colocar as coisas em uma perspectiva temporal, pensar o passado e não apenas se atar ao triste presente, ajuda na prospecção de um futuro e é próprio da feitura do luto. Quando voltamos pela segunda vez o emaranhado se foi 'fiquei melhor, fui na mãe e domingo que vem vou de novo'."[77]

Essa foi uma de nossas experiências, mas não podemos ser indiferentes ao fato de que excelentes clínicos têm práticas não ortodoxas em seus consultórios privados no que diz respeito ao tempo de tratamento, embora nem sempre o digam ou divulguem. Bernard Nominé, por exemplo, em seu livro *O presente do presente: ensaio psicanalítico sobre o tempo*,[78] não encontra outro meio de acentuar ainda essa questão essencial que é o tempo em psicanálise a não ser nos narrando um extrato clínico, cuja paciente tinha 6 anos, e foi vista uma *única vez*.

Nominé escolhe chamar esses encontros, que diz ter o costume de praticar, de "encontros pontuais" ou "entrevistas clínicas", nos quais "à pessoa escolhida por seu terapeuta é dada a oportunidade de se colocar em cena e se explicar sobre aquilo que está acontecendo com ela".[79] Nestes encontros únicos, ele toma o tempo que achar necessário para escutar singularmente a pessoa à sua frente, ainda que às vezes tenha a impressão de que a narrativa do sujeito não lhe deixe modos de intervir. No entanto, ele acaba por encontrar, ao fim, "uma maneira de interromper bruscamente e fazer ressoar um dizer que saia do *pathos*", sendo o mais importante não o tempo que o encontro durou "mas sim aquilo em que ele terminou".[80]

---

77 Caso Dona Albizia, escrito por Luciana Guarreschi, arquivos não publicados.

78 Nominé, op. cit.

79 Ibid., p. 145.

80 Ibid., pp. 145-146.

Nominé evidencia assim aquilo que Lacan, no texto "O tempo lógico e a asserção da certeza antecipada",[81] isolou como momento de suspensão, ou escansões suspensivas. Essa noção nos mostra que a partir do apontamento de alguns significantes, colocando os em relevo no ato de fala e, por vezes, finalizando uma sessão nesse momento, há abertura para o inconsciente e, não raro, novas significações no dito do paciente aparecerão, levando-o a outra aproximação da problemática de seu sofrimento.

Numa perspectiva análoga, mas em solo brasileiro e em contexto peculiar, Maria Rita Kehl[82] fala de experiências únicas na Escola Nacional Florestan Fernandes, do Movimento dos Trabalhadores Rurais Sem Terra (MST). Colocando em questão o estranhamento causado nos colegas por sua prática analítica em um local aparentemente alheio a esta, já que se trata de um movimento de origem católica e rural, Kehl responde por uma psicanálise como um dispositivo de emancipação do sujeito e que lá, tal como nós em Altamira, encontrou nas pessoas escutadas a mesma postura investigativa sobre as mazelas pessoais e da vida que encontra em seu consultório particular, mesmo, como era o caso, que tivessem um número de sessões limitado, em função da peculiaridade da Escola, que é a de receber pessoas que ficam apenas por algumas semanas, ou mesmo alguns poucos dias.

Tendo o privilégio de escutar pessoas provindas das mais diversas regiões do Brasil, mas com um mesmo traço de identificação – serem parte do MST –, Kehl nos indica algo que também encontramos na população dos ribeirinhos: "a forma de sociabilidade que predomina em todos os agrupamentos do movimento é a da vida

81 Lacan, J. ([1945] 1998). O tempo lógico e a asserção da certeza antecipada (p. 197). In *Escritos*. Zahar.

82 Kehl, M. R. (2108). *O bovarismo brasileiro: ensaios*. Boitempo.

comunitária".[83] Extrai dessa constatação que o indivíduo tem uma outra relação com o tempo, pois não o sente como a pressão de construir algo individualmente, que será seu legado à geração futura. A vida comunitária, dentro de um movimento maior, como o do MST, marca o nome desses sujeitos em "uma história que ultrapassa a existência individual".[84]

Em nossa experiência encontramos também a ausência desta pressão imposta pelo modelo self-made men. Como no relato clínico de Ilana Katz, cuidante de Maçaranduba:

> "O que conseguimos entender é que o modo de vida ribeirinho comporta, assim como o modo de viver de muitas populações tradicionais, um modo outro de organização do tempo. A possibilidade de pôr o tempo da própria vida em perspectiva, isso que chamamos de pensar o futuro, ou 'futurar', como me ensinou outro ribeirinho, não é um recurso imediato à essa população. Sei pouco do porquê disso, arriscaria dizer que a vida em ciclos organizados na relação com a natureza contribui para essa condição, mas parece importante que saibamos que esse é um traço importante deste modo de vida e que foi desconsiderado no levantamento das condicionantes de instalação da usina. Esse tempo sem corte entre o agora e o por vir impõe um constante presente que embaraça e muito a vida de quem precisa funcionar em relação com a cultura citadina."[85]

83 Ibid., p. 180.

84 Ibid.

85 Caso Maçaranduba, escrito por Ilana Katz, arquivos não publicados.

Para além da percepção do tempo enquanto "presente do presente", há ainda outros pontos de contato entre a experiência da psicanalista no MST e nossa atuação em Altamira que nos deixa confortável para nos apoiarmos nela, ainda que pese a diferença de que o MST é um movimento social que funciona ao modo de uma instituição. Tal qual em Altamira, esse funcionamento grupal do MST encontra limite quando se quer estar sozinho,[86] sendo a opção de escutar individualmente, e não em grupo, fruto desse limite. Pois se, por um lado, a união em comunidade oferece uma suplência identitária diante da precariedade socioeconômica que atinge certas populações, por outro, dificulta que se possa cuidar de experiências singulares na medida em que o outro é tomado como um "igual" e não como uma alteridade, o que, em momentos de catástrofe como de Belo Monte, pode resultar em diálogos infinitos de lamento e na vontade de ter um "diferente" para falar.

Acreditamos que essa colagem discursiva era algo percebido pelos próprios ribeirinhos, se pudermos nos fiar nessa pequena vinheta da primeira atingida que escutei que, depois das apresentações de praxe, me diz: "como é bom poder falar para um diferente!" e frente à minha pergunta "diferente como?" Ela segue: "alguém que não tem a mesma história daqui, que não é um igual". É preciso estar frente a uma alteridade para dizer certas coisas e, ainda mais, para que elas tenham a possibilidade de serem escutadas.

Outra percepção que compartilhamos com Kehl foi a de experimentar os efeitos tão imediatos e surpreendentes do "dispositivo

86 Explica uma paciente ouvida por Maria Rita Kehl: "Aqui, tudo é em grupo. Do que a gente precisa é de algum lugar para ficar sozinho. Nas terapias estou falando com você, mas o que eu falo aqui é como se eu estivesse sozinha. É um lugar só para mim" (Kehl, op. cit., p. 182).

psicanalítico em território virgem".[87] Concordamos com sua posição sobre o fato de que a psicanálise sofre, com o passar dos anos, um efeito naturalizador de sua potência – pois que é apropriada pelos discursos da atualidade – contrário à sua vocação subversiva, efeito conhecido pelo psicanalista e contra o qual ele luta como pode e com criatividade, no melhor dos casos.

Nos grandes centros a psicanálise foi incorporada às novelas, às matérias de jornais e às conversas de bar, principalmente nas classes sociais mais abastadas, de modo que é cada vez mais difícil alguém que desconheça totalmente algo da situação analítica. É assim que, para além da risada de Seu Acapú no atendimento descrito anteriormente, os efeitos clínicos – entrada em análise, localização do sujeito e de seus significantes, nomeação de sintoma e abertura para transferências – foram facilitados "pelo efeito surpresa do dispositivo sobre os inexperientes".[88]

Esse efeito surpresa não está desacompanhado de uma postura diferente do analista e também da pessoa escutada, pois ambos sabem que não terão chances de novos encontros. Esse fator deve ser levado em consideração pois imprime um "sem tempo a perder" para ambas as partes, como nos atendimentos de urgência, dos quais falaremos logo mais. Maria Rita Kehl conta um pequeno extrato de um caso de uma pessoa com problemas de alcoolismo, que ela soube ouvir, pelas palavras do paciente, se tratar mais de um sintoma, onde a posição do sujeito se fazia presente, do que de um caso de adição ao álcool:

> *Lupércio entrou no jogo de primeira. Se fosse a primeira entrevista de um processo de análise normal, com muito tempo pela frente, não seria o momento de*

87 Ibid., p. 183.
88 Ibid.

dizer nada. Mas eu nem sabia se teríamos tempo para uma segunda sessão.[89]

Neste caso houve apenas uma sessão e o feliz acaso de um reencontro, quase quatro anos depois, onde Lupércio fez com que chegasse à analista os resultados do trabalho, dizendo que não bebia mais, ainda que não tenha feito esforços para isso; aquilo havia simplesmente acabado.

Podemos agora ir à Europa do entreguerras, situação de grande devastação social e econômica que impulsionou experiências inovadoras e diversas antes do chamado de Freud na já citada conferência de Budapeste, quando Ferenczi, Ernst Simmel e Karl Abraham tornaram públicas suas experiências com as neuroses de guerra. Abraham, como psiquiatra chefe do Corpo do Exército da Prússia Ocidental, descartava o uso de terapias violentas, com eletrochoques e, também, a hipnose ou a sugestão e atingiu melhorias significativas nos soldados por meio de uma psicanálise simplificada.[90]

Significativas são também as contribuições de Simmel, médico do Exército Real da Prússia, que partia do princípio de que "a neurose de guerra, como a neurose de paz, é a expressão de uma divisão da personalidade",[91] sendo o adoecimento, em sua opinião, o início do processo de cura. O tratamento se daria então pela cooperação espontânea do neurótico, que sofria primordialmente por não conseguir assimilar conscientemente a realidade por demais horrível a sua volta, ocasionando, entre outras coisas, perda de memória. Simmel, por meio da hipnose, pedia que seus pacientes sonhassem,

89 Ibid., p. 188.

90 Danto, 2019.

91 Simmel, E. et al. (1921). Psycho-analysis and the war neuroses. In *The International Psycho-Analytical Press* (pp. 30-44). Trecho original: *"The war neurosis, like the peace neurosis, is the expression of a splitting of the personality"*.

e quando eles, no dia seguinte, contavam seus sonhos, empenha-se em analisá-los por *duas* ou *três sessões* no máximo – uma vez que no hospital militar para neuróticos de guerra uma análise individual extensa não seria possível –, conseguindo, em muitos casos, o restabelecimento psíquico dos soldados.

Interessa-nos também a fina percepção de Simmel sobre o sofrimento dos neuróticos de guerra que, além de várias vezes feridos e submetidos a superiores cruéis, se sentiram ainda sobrecarregados pelo fato de não terem um valor individual, mas de serem apenas "uma unidade sem importância no todo".[92] Em certa medida, os ribeirinhos da região de Altamira existiam enquanto unidade, o que lhes dava força para reinvindicações, mas, ao mesmo tempo, apagava as diferenças entre as histórias particulares de cada um, como se elas não tivessem nenhum valor, esgarçando a fina tensão entre o individual e o coletivo.

Ainda no contexto europeu, em um momento mais recente, não podemos deixar de mencionar a experiência dos Centros Psicanalíticos de Consulta e Tratamento (CPCTs) na França. Nascidos, no início dos anos 2000 e primeiramente em Paris, como resposta à exigência do Estado em regulamentar e restringir a prática da psicanálise, ao avanço das psicoterapias cognitivo-comportamentais, ao excesso de uso de medicamentos psicotrópicos, bem como a uma noção de sofrimento psíquico bastante funcionalista e fundamentada no discurso cientificista, esses centros ofereciam tratamento gratuito e de tempo limitado, dando visibilidade à aplicação da psicanálise e ao seu posicionamento contemporâneo ante as novas modalidades do discurso técnico-científico.

A aposta era de que essa oferta traria um público que dificilmente procuraria um analista – pessoas em condição material precária e/ou que não se encaixavam nas práticas oferecidas pelos dispositivos

---

92 Ibid., p. 32.

de saúde mental já existentes, pessoas marcadas por um traço de exclusão – e que reavivaria a sensibilidade dos analistas às formas de segregação e à sua função na atualidade. Foi assim que os CPCTs trouxeram à baila a antiga discussão sobre a psicanálise aplicada:

> *A psicanálise entrou, há tempos já, sem dúvida, em uma nova época. Pode-se dizer que o que ela colocava em sua periferia tornou-se seu centro, tornou-se sua preocupação central. O que ela colocava em sua periferia é o que batizamos, de modo mais ou menos feliz, de psicanálise aplicada. E, durante muito tempo, é preciso dizer que a psicanálise aplicada foi rejeitada para suas margens, as margens da psicanálise pura.*[93]

Fazendo valer a articulação lacaniana entre clínica e política, a psicanálise francesa se abriu para a cidade, inserindo-se nos debates relevantes das comunidades, sendo um deles a demanda de melhoras sintomáticas rápidas, acentuando a versão terapêutica da psicanálise. Foi assim que se definiu o funcionamento dos CPCTs: ele seguiria a estrutura do cartel, com dois grupos diferentes de analistas, um composto por analistas experientes e de reconhecida formação psicanalítica e um outro composto por analistas em formação. Os casos atendidos seriam supervisionados por um grupo de quatro praticantes e mais um, supervisão traçada na práxis da clínica do caso a caso e que visaria um diagnóstico de estrutura, bem como desenhar a direção do tratamento.

Havia assim dois momentos distintos: consulta e tratamento. Acolhia-se quem chegasse ao centro, sem a necessidade de encaminhamentos formais. Esse acolhimento era feito por um psicanalista

93 Miller, J.-A. (2002, nov. 13). *Um esforço de poesia.* [Curso da orientação lacaniana, 2002-2003, aula 1], inédito.

experiente para sessões pontuais – de uma a três, que configurava o período de consulta – na tentativa de localizar um ponto de fixação do paciente e colocar a demanda em palavras. Quando esta localização era possível, o paciente era encaminhado para tratamento com o analista em formação por um período limitado de quatro meses ou dezesseis sessões, podendo ser estendido em cenários específicos de acordo com a organização de cada CPCT. Novamente temos aqui uma modificação da técnica – trabalhar com tempo pré-delimitado – justificada por Serge Cottet[94] como o período destinado ao ensaio de uma divisão subjetiva, que pode ou não levar o paciente à análise.

Recolhemos então que o trabalho do CPCT contava com a transformação da demanda inicial terapêutica em uma demanda de análise, mas também respeitava a possibilidade do tratamento se limitar à demanda terapêutica, ou seja, nem psicanálise pura nem psicanálise aplicada,[95] mas escuta diferenciada que possibilitou o acolhimento daqueles que são traçados pela exclusão, elaborações clínicas acerca das extensões e limites do trabalho analítico com curtos e predefinidos períodos de tempo, além de posicionar o discurso analítico entre as práticas psicoterapêuticas em diversas cidades francesas.

Voltemos ao Brasil, São Paulo, 2016, golpe parlamentar, *impeachment* da presidenta Dilma, e a clara sensação de que o pior ainda estava por vir, como foi o caso. Psicanalistas preocupados com os acontecimentos de sua época, dentro do território em que vivem e circulam, se organizaram em coletivos diversos e passam a atender em lugares públicos e abertos. Um desses coletivos é o Psicanálise na Praça Roosevelt, que "encontra-se comprometida em combater

---

94 Cottet, S. (2005). A aceleração dos efeitos terapêuticos em psicanálise. In T. C. dos Santos (Org.), *Efeitos terapêuticos na psicanálise aplicada*. Contracapa.

95 Ou, como diria Mirian Debieux, psicanálise implicada. Cf. Debieux, M. (2018). *Psicanálise implicada: vicissitudes das práticas clínico-políticas*.

processos que geram segregação social, seja no acesso a uma experiência psicanalítica e sua extensão, seja na escuta do sofrimento atravessado por questões socioculturais e políticas".[96]

Nessa experiência temos várias modificações no que se entende por um atendimento clínico, uma vez que ele se dá em lugar aberto e não necessariamente com o mesmo analista, onde o tempo de cada sessão está sujeito a interferências próprias da praça pública, com uma sazonalidade incontrolável – há dias de chuva, de sol intenso, concentração de muitas pessoas, etc. Digamos que, na praça, a contingência se introduz mais que alhures. Ainda estão em curso as formulações sobre os desdobramentos deste tipo de experiência, que passa necessariamente por encontrar esteio na teoria psicanalítica, questionando-a em suas bases, tarefa ética do psicanalista concernido com a expansão da psicanálise.

Finalizando esta breve compilação de experiências díspares, mas unidas pelo traço de plasticidade no que diz respeito ao tempo do tratamento e local de atendimento, pela lógica do inconsciente estruturado como linguagem e por momentos históricos limites, abordarei uma última experiência, surgida no caos dos primeiros dias de isolamento social causado pela pandemia. O Dispositivo de Acolhimento de Urgências Subjetivas (DAUS), implantado pela Rede Clínica do Fórum São Paulo, em conjunto com os membros do referido Fórum, foi uma tentativa – finalizada em dezembro de 2020 – de acolher, dentro do discurso da psicanálise, os desdobramentos subjetivos provocados pela covid-19.

A base do dispositivo estabelecida foi que a escuta teria um número *limitado de sessões online*, que seriam gratuitas, e que essa oferta chegasse àqueles mais sujeitos à vulnerabilidade social. Novamente o recorte temporal foi necessário para pensarmos esta escuta

---

96 Marino, A., & Coaracy, A. (2019). Psicanálise na Praça Roosevelt: formulações sobre uma experiência. *Lacuna: uma revista de psicanálise*, (8), 10.

– urgente – que trouxe ao psicanalista a tarefa de sempre: que o sofrimento fosse apresentada em palavras e que ele apostasse no surgimento do sujeito, modificando a situação de urgência na qual o sujeito, sem palavras e esmagado pelos acontecimentos, se encontrava.

Certos de que "simples fato de escutar restabelece um laço de humanidade e confiança",[97] ainda de que maneira online, atendemos cerca de 370 pessoas, em dez meses. Mas o que caracterizaria o que chamamos de urgência subjetiva? Entendemos com Sandra Berta[98] que a urgência é o apontamento de uma ruptura – na emergência a ruptura já ocorreu, está dada – que reatualiza o traumático em cada sujeito de maneiras distintas. Na pandemia, esse traumático respondeu sob o nome de covid-19, confinamento ou fome pelas dificuldades econômicas que se apresentaram.

No momento da precipitação da urgência, esta não é subjetiva, e sim generalizada. A urgência só se torna subjetiva por intermédio de uma operação analítica, quando ela se situa em torno de alguns significantes marcados pelo analista. Assim, podemos concluir que a urgência se torna subjetiva devido ao dispositivo, já que no início ela é uma demanda não localizável ao nível do significante. Essa especificidade esclarece o DAUS e outras experiências como um dispositivo da ordem do encontro com um analista, diferente de outros dispositivos "psis" oferecidos, que podem preconizar saídas baseadas em imperativos morais e ou em receitas pré-moldadas, longes da singularidade do sujeito escutado.

Logicamente, entre os que acessaram o DAUS, houve casos graves – psicoses prestes a romper sua estabilização ou em delírio, acting out, ameaças e ou tentativas de suicídio – nos quais não se tratava de uma localização subjetiva da urgência, mas sim de tratamento

97 Cottet, 2005, p. 45.

98 Berta, S. (2015, nov.). Localização da urgência subjetiva em psicanálise. *A Peste: Revista de Psicanálise e Sociologia e Filosofia*, *7*(1), 95-105.

intensivo. Tais casos foram encaminhados à Rede Clínica do Fórum São Paulo, entre outras redes clínicas espalhadas na cidade de São Paulo e fora dela.

Os resultados deste trabalho ainda estão em elaboração, mas já recolhemos que, em uma, duas ou três sessões, pode ocorrer a surgência do inconsciente, questionamentos e a chance de narrar outra história sobre o momento em que estávamos vivendo, que não fosse feita apenas de angústia e precipitação. Enfim, houve efeitos analíticos, sendo esse definido aqui como uma localização do sujeito em sua malha significante, bem como um apaziguamento da angústia apresentada inicialmente.

Ainda que sejam experiências distintas das ocorridas em Altamira, elas nos autorizam a perguntar se os efeitos obtidos no pouco tempo pela Clínica do Cuidado nos permitiriam qualificar essa intervenção como analítica. Mais uma vez acreditamos que serão os casos clínicos que embasarão, que poderão dizer, que transmitirão, ou não, se houve transformações clínicas e, se sim, quais foram e como elas se deram. Essa discussão será abordada no terceiro e no quinto capítulo deste livro.

2. Escrita do Caso Clínico

O analista tomado pelo desejo de escrever busca testemunhar.

Maud Mannoni, 1990

Apesar dos diversos casos escritos por Freud e de seus inegáveis ensinamentos, não há, na atualidade, consenso entre os psicanalistas sobre o "bom uso" dos casos clínicos. Não há, tampouco, uma definição unívoca do que seria o caso clínico para a psicanálise. Qual o modelo epistemológico que sustentaria a escrita de um caso clínico? Qual sua morfologia? Por que a literatura, enquanto romance, novela ou conto, aproxima-se, quase que instintivamente, da narrativa do caso clínico em psicanálise? Quais seriam as funções teóricas dos casos clínicos? Eles exemplificariam um conceito, ou justamente deveriam contradizê-lo?

De saída tomamos aqui uma posição: o caso clínico é essencial na contribuição da psicanálise para a psicopatologia na construção diagnóstica e na direção do tratamento, bem como para a saúde mental, por meio de estudos de casos nos diferentes dispositivos de atenção psicossocial e no trabalho em equipes interdisciplinares, dado o seu diferencial, a saber: a inclusão do sujeito do inconsciente. Assim, antes de alcançar as histórias clínicas de Belo Monte, faremos alguns recortes da literatura sobre casos clínicos, suas definições e críticas.

Caso clínico em psicanálise: simplificação fictícia?

O ato de narrar está no centro do caso, tal qual ele é concebido em psicanálise, e essa tradição remonta aos primeiros escritos freudianos em suas pesquisas com as enguias, ainda nos chamados estudos pré-psicanalíticos. Ali Freud não faria nenhuma descoberta original, mas acima de tudo vê-se seu traço narrativo, de um objeto a outro, percorrendo os eventos ocorridos, em uma descrição minuciosa.

Esse ato narrativo se mantém e aparece como uma maneira possível de dar unidade às associações livres do paciente, unidade costurada pela inclusão do efeito transferencial na transmissão da psicanálise, impossibilitando a neutralidade, por si impossível, do analista. Nesse sentido, o caso está sempre em controvérsia, entre a eloquência e o narrativo, entre o inconsciente e o consciente, entre a contingência e o normativo: "o caso que marca, que deixa rastro, é um caso que deixa aberto o conflito, apesar da presença dos conceitos encarregados de resolvê-lo".[1]

Pois bem, mas o caso não há de ser apenas uma narrativa, pois estaríamos no campo da literatura e não no psicanalítico. Ele não pode ser um storytelling,[2] "a boa narração que vai juntar os

1 Kohn, M. (1999). Acte narratif et cas (p. 51). In P. Fédida e F. Villa (Orgs.), *Le cas en controverse*. PUF. No original: "*Le cas qui marque, qui fait trace, est um cas qui laisse ouvert le conflit, malgré la présence des concepts chargés de le résoudre*".

2 Maneira de narrar histórias que se vale de técnicas inspiradas em roteiristas e escritores para que a história contada alcance efeitos emocionais e marcantes no leitor.

desejos da massa".[3] A escrita do caso clínico tampouco pode se inscrever em um rótulo que abarque um sentido único, dado que essa escrita é também fruto da associação livre do paciente e não é uma narrativa, mas uma historicização na qual se encontram os elementos determinantes a partir dos quais o analista construirá o caso entre aquilo que não faz junção na associação livre do paciente e a narrativa do analista que faz junções, em que se encontram as controvérsias de um caso.

Quando o caráter controverso não é alcançado, a discussão se reduz à veracidade ou não do caso clínico e, portanto, à sua desqualificação como objeto legítimo de transmissão e sustentação da psicanálise. A questão geralmente colocada neste tipo de crítica é que os casos em psicanálise não passam de mera ficção com "motivações nada objetivas"[4] e que seria preciso resgatar a objetividade do caso com a apresentação de dados clínicos brutos mais adequada à Ciência e a sua forma de comunicação atual. Sem essa providência o caso não passaria de "um artifício retórico, redigido com a finalidade de produzir prazer estético e persuadir o leitor acerca da tese em pauta".[5]

Aos críticos que se debruçam sobre a confiabilidade dos dados de casos psicanalíticos, aconselhamos ler a confissão freudiana sobre os casos por ele apresentados: "eles não saíram de nenhum caso de minha experiência, eles são inventados por mim".[6] Freud justifica-se dizendo que os exemplos fictícios, o termo é dele, simplificam

---

3 Soler, C. (2011, out.). La psychanalyse, pas sans l'écrit (p. 34). *Champ Lacanien, Revue de psychanalyse*, (10). Trecho original: *"Le bon récit qui va acrocher les désir de la masse"*.

4 Honda, H. (2011, jul.-dez.). Entre ficcionalidade e objetivismo: o caso clínico como locus de elaboração conceitual do material fatual (p. 331). *Revista Filos.*, *23*(33), 329-343.

5 Ibid, p. 334.

6 Freud, S. (1986). A etiologia da histeria (p. 183). In *Obras psicológicas completas* (Vol. III, pp. 177-203). Imago.

o que costuma ser irremediavelmente mais complexo. Logo após a confissão, ele explica que o caminho tortuoso da cadeia de associações que unem a cena traumática aos sintomas ou lembranças nunca conta com apenas dois elos, mas que estes "se ramificam e se interligam como árvores genealógicas",[7] daí sua complexidade e sua necessidade de redução.

Seria essa simplificação fictícia apenas má-fé do cientista que quer a todo custo provar sua teoria e para isso altera os dados "objetivos" de sua pesquisa? Mas, se assim o fosse, por que Freud confessaria o crime em meio a um de seus escritos mais importantes sobre a histeria? Ora, se Freud apela à ficção e o confessa, para além de seu esforço de transmissão, não seria porque a "casuística da psicanálise segue a estrutura da clínica e do método de investigação"?[8]

Afinal, não há, em seus casos, o acolhimento e a preservação das manifestações do inconsciente, tal qual fazemos em nossos atendimentos diários? Freud não maquia o estranho, não ignora os pontos de fuga, os detalhes que saem do tom da associação livre, os silêncios e, principalmente, faz valer seus fracassos clínicos retirando destes as bases necessárias para alterações do arcabouço teórico da psicanálise. Freud prima por incluir o que costuma ficar de fora nas comunicações ditas científicas, a saber, a dimensão subjetiva – sua confissão demonstra isso –, incluindo o ato de enunciação para além do enunciado de suas comunicações.

Freud transmite, assim, que o caso é, antes de ser um exemplo, um problema de pesquisa, deixando para o lado do analista o juízo íntimo quanto ao ato de transmissão de sua prática clínica. Trata-se, portanto, de um ato ético que se faz decisivo no embasamento das teses, na explanação ao julgamento público sobre os procedimentos

---

7 Ibid.

8 Dunker, C. (2011). *Estrutura e constituição da clínica psicanalítica: uma arqueologia das práticas de cura, psicoterapia e tratamento* (p. 544). Annablume.

e técnicas utilizados, bem como na validação da efetividade do tratamento e de seus resultados.

Esse gênero de crítica – que acusa falta de objetividade, confiabilidade e veracidade nos casos clínicos psicanalíticos – dispensa o fato de que a linguagem para a psicanálise é, primeiro, o que estrutura o sintoma e que ela não se presta à comunicação unívoca de pares. Nesta experiência de Altamira, mas não só nela, o caso clínico é uma peça importante da alegação psicanalítica da intervenção e da exposição de seu método, ele faz parte do argumento, ocupa uma função demonstrativa, já que "o caso é o campo delimitado pela experiência de mal-estar, de sofrimento ou de sintomas, no sentido de uma história de encontros e ocorrências que se apresentam pela concorrência de acasos e ações controladas".[9] Novamente, entre o que é delimitado, controlado, e a ocorrências de acasos, temos o caso conferindo seu caráter controverso pela preservação do que usualmente se chama acaso, que é homófono de *há caso*: evento surgido onde não se esperava, do qual se pode "fazer caso" – voltaremos a isso logo abaixo.

O caso em psicanálise está então conectado ao método do qual ele deriva, a saber, a técnica psicanalítica, aqui entendida como um código mínimo comum entre os clínicos, o que faz com que objeto e técnica estejam amalgamados. Nesse sentido, o caso clínico em psicanálise não tem como fim "iludir o leitor e divulgar uma impostura, mas tentar *reproduzir* o mesmo regime de eficácia linguística pelo qual se julga um tratamento psicanalítico, a saber, o assentimento entre as partes".[10]

Esse assentimento entre as partes significa que estamos, em análise e na transmissão dos casos, em um regime de linguagem

9 Ibid., p. 539.
10 Ibid., p. 544.

que acompanha a lógica significante do paciente, suas cogitações, divagações e conclusões na formação de seus sintomas e em seu consequente sofrimento. Logo, longe da busca de índices de realidade que parametrizam a fala do paciente e que confeririam ao analista algum tipo de veredito.[11]

Para além das críticas ao uso do caso clínico, há ainda o fraco argumento "Lacan nunca escreveu casos clínicos",[12] que será incrementado de acordo com a boa vontade de seus seguidores, mas que se presta sempre como um argumento de deslegitimação de tal prática. Eric Porge, por exemplo, crê que em Lacan a "referência à ficção permanece como ponto de ligação"[13] a Freud, mas que, no entanto, ao se aproximar da poesia, Lacan estaria centrando-se nas "questões de estilo", o que resolveria a problemática sobre a transmissão em psicanálise.

No entanto, seria bom não ignorar o que os colegas Christian Dunker e Tiago Ravanello chamam de "periculosidade política do caso clínico", ou seja, o perigo iminente de se prescindir dos casos clínicos na transmissão da psicanálise, uma vez que "os mestres manterão sua autoridade sem que nada na experiência possa questioná-los",[14] principalmente no contexto da formação dos analistas.

---

11 O caso "O homem dos miolos frescos" escrito por Enrst Kris e inúmeras vezes retomado por Lacan parece ser o exemplo mais conhecido na literatura freudo-lacaniana desse tipo de veredito. Cf. Kris, E. (1987). Psicologia do ego e interpretação na terapia psicanalítica. *Falo*, (1), 125-130.

12 Fica claro, com esse argumento, que se desconsidera o caso Aimée, escrito por Lacan em 1932, relegando-o como um capítulo menor, pré-psicanalítico, de um Lacan psiquiatra.

13 Porge, E. (2009). *Transmitir a clínica psicanalítica* (pp. 62-63). Unicamp.

14 Dunker, C., & Ravanello, T. (2017). Gênero e forma literária: considerações sobre a estrutura ficcional dos casos clínicos em psicanálise (p. 94). *Cadernos de Psicanálise* | CPRJ, *39*(36), 87-102.

Lacan pode não ter escrito casos de sua clínica, mas o fato é que, ao ler os casos freudianos e trabalhá-los durante todo seu ensino, acabou por reescrevê-los. Nesse sentido, somos forçados a admitir que, ao menos em Lacan, um caso ou a sua escrita começam pela leitura.[15] Em seu retorno a Freud é como leitor que ele se posiciona, indo aos textos originais, em alemão, extraindo dali noções que passaram despercebidas, ou estavam em uma zona de sombra e imprecisão. Ato contínuo, testemunhava essa leitura em seus seminários e textos escritos. Ainda que se possa argumentar que a maior parte dessas investidas lacanianas a diversos casos clínicos[16] localizam-se na parte inicial de sua obra, não foi sem elas que Lacan seguiu seus desdobramentos teóricos, o que ratifica a importância dos casos clínicos para a transmissão da psicanálise, para a formação do analista e para os avanços da teoria.

Caso clínico e caso social ou "tudo posso naquele que me fortalece"

No entanto, os casos clínicos não podem servir apenas à psicanálise e sua retroalimentação conceitual e formativa nas associações de psicanálise ou mesmo nas universidades, sob o risco de cair em um círculo vicioso e estéril, em uma retórica endogâmica e internalista. Um caso clínico também pode ser um caso social, quando inscreve na cultura de um dado lugar e tempo um sofrimento não reconhecido por esta, alcançando as perspectivas sociais e interculturais de uma clínica politicamente implicada.

---

15 Isso desde a clínica, pois "o inconsciente é aquilo que se lê", Lacan, [1972-1973] 1985, p. 39.

16 Sendo os principais: o caso Dora, O Homem dos Ratos, O Homem dos Lobos, caso Schereber e o pequeno Hans. A lista aumenta quando acrescentamos os casos de outros analistas, como Ella Sharpe e Ernest Kris, trabalhados por Lacan.

Essa possibilidade de inscrição segue a trilha aberta por Freud em sua inovação nosológica da neurose obsessiva que, para além de um tipo clínico, assemelha-se à interpretação que se pode propor para os fundamentos do laço social e o mal-estar na cultura de sua época. Isso indica que, ademais do uso neurótico da religião, a adesão ao discurso religioso rende os sujeitos à posição de neuróticos-obsessivos.

Nessa mesma trilha temos, nos casos da histeria, a construção subjetiva de um momento histórico específico, a saber, o feminino na era vitoriana. Em textos como "Moral sexual civilizada e doença nervosa moderna" (1908), "O futuro de uma ilusão" (1927) e "O mal-estar na cultura" (1930), Freud, ao fazer uma leitura crítica sobre a modernidade, coloca a psicanálise à prova do social, revelando impasses e impossibilidades para a condição do sujeito e seu consequente adoecimento. No entanto, não é apenas nos importantes textos freudianos, ditos sociais, que iremos encontrar essa leitura crítica, pois "que se propaga para diversos outros escritos, sempre em um triplo movimento de conjunção entre clínica/metapsicologia/cultura e sociedade".[17]

Isso significa dizer que o caso clínico em psicanálise também tem por função aclarar as relações sociais quando circunscreve "o irredutível do sujeito e o irredutível do campo do Outro, em um real compartilhado".[18] Se a neurose obsessiva aclarou a afecção da humanidade em um caso, "o Homem dos Ratos", que notícias trariam os casos clínicos de Belo Monte? Essa parece ser a função do caso clínico: "construir uma pequena borda que permita a nomeação de um ponto do real que nos é dado testemunhar em nossa

---

17 Rosa, M. D., Estevão, I., & Braga, A. P. M. (2017, set. 24). Clínica psicanalítica implicada: conexões com a cultura, a sociedade e a política (p. 361). *Psicologia em Estudo, 22*(3), 359-369.

18 Poli, M. C. (2012). *Leituras da clínica, escritas da cultura* (p. 90). Mercado de Letras.

experiência".[19] Nomeação que pode aparecer na escrita de um caso clínico quando este não se presta a acentuar um saber constituído, mas quando mantém abertos os pontos de ignorância dos quais um analista é subalterno.

A psicanálise participou e participa, então, da apreciação social contemporânea sobre os processos de socialização dos desejos e das pulsões, instigando as formas de questionamento das configurações sociais e, portanto, impactando o horizonte da crítica social. Isso nos interessa, pois as configurações sociais, ou seja, as variadas formas de laços sociais são, em maior ou menor grau, produtoras de gêneros de adversidades.

Dessa maneira, "o sofrimento psíquico se transforma em uma categoria política central por indicar sistemas de expectativas não realizadas no interior da vida social".[20] Freud é movido desta forma não apenas pelo singular de cada caso, como muitas vezes se alardeia, mas pelo questionamento sobre as condições psíquicas que possibilitam ou impossibilitam as experiências sociais, ele "explora as ambiguidades de nossas fantasias sociais, como quem desconstrói (e a palavra não está aqui por acaso) a aparente homogeneidade de seu funcionamento, permitindo assim que outras histórias apareçam lá onde acreditávamos encontrar apenas as mesmas histórias".[21]

Estamos sustentando, então, que o caso clínico em psicanálise, a partir de sua narrativa, "permite mostrar as relações de contiguidade em suas associações metafóricas, ou seja, promove uma condição de espaço-tempo na produção de um discurso que permite localizá-lo,

---

19 Ibid., p. 92.

20 Safatle, V. (2020). *Maneiras de transformar mundos* (p. 94). Autêntica.

21 Safatle, V. (2016). *O circuito dos afetos: corpos políticos, desamparo e o fim do indivíduo* (2a. ed., p. 41). Autêntica.

posicioná-lo e circunscrevê-lo".[22] O que significa não separá-lo das condições de uma época e de suas transferências, sendo também um caso social. Sublinhar esse aspecto do caso clínico significa destacar que o sofrimento dos indivíduos está intrinsecamente ligado às escolhas de um corpo social, bem como ao reconhecimento ou ausência desse sofrimento, "ou seja, o sofrimento é histórico não somente porque é inseparável do contexto do qual é efeito, mas também porque é forjado a partir das ferramentas simbólicas disponibilizadas".[23]

Antevemos, assim, o caráter político em jogo, uma vez que a maneira de compreender o sofrimento – como única e exclusivamente uma falta moral ou neurobiológica do indivíduo ou como produto dos conflitos sociais de um território – redimensiona suas causas, convocando outros atores sociais que não apenas aquele que sofre, indicando a necessidade de transformações sociais coletivas.

Uma leitura individualizada do sofrimento foi exatamente o que encontramos em Altamira, onde aquele que sofre foi tomado fora da contingência que o determinava e, portanto, desarticulado de seu contexto e de sua pertinência social e simbólica. Tal leitura produziu uma série de casos com diagnósticos psiquiátricos (depressão, ansiedade, estresse, psicoses) e de clínica geral (acidentes vasculares cerebrais, cardiopatias, hipertensão), sem que a experiência de expulsão dos ribeirinhos de seu modo de vida fosse sequer aventada como coadjuvante desses adoecimentos.

Isso marca a clara oposição entre o discurso freudiano e o discurso da medicina, sendo que o primeiro retoma a linguagem na

---

22 Paulon, C. (2019, jan.-jun.). O caso como índice de poder na clínica e na transmissão em psicanálise. *Clínica & Cultura*, *8*(1), 37-50.

23 Beer, P., & Obliziner, P. (2020, dez.). Apresentação do Dossiê: Movimentos sociais, sofrimento e conflito: por uma escuta que potencialize a luta (p. 5). *Revista Desenvolvimento Social*, *26*(2), 3-10.

experiência clínica e o segundo a abole na emergência do discurso da anatomoclínica, no século XIX, que circunscreve apenas lesões e enfermidades. Para além dos diagnósticos psiquiátricos e clínicos e a consequente medicalização do ribeirinho transformado em doente, o tratamento moral-religioso também tinha seu lugar, como mostra a sugestiva frase pintada logo na entrada do Centro de Apoio Psicossocial (CAPS) de Altamira: "Tudo posso naquele que me fortalece".

Nessa produção de diagnósticos, que desimplica sujeito e Estado na estruturação de um modo específico de adoecer, os casos de Belo Monte adquirem uma conotação política. O diagnóstico acaba por assumir a propriedade de ser um meio de determinação e reconhecimento do sujeito, legitimando afirmações problemáticas tais como: "Seu Mariano não sofre os efeitos da perda do seu modo de vida, ele é psicótico"; "Dona Fernanda não sofre por ter se separado de toda a comunidade, ela é cardíaca e depressiva". Desta maneira, os sintomas dos ribeirinhos adquiriram reconhecimento social e mesmo lhes conferiram um lugar, mas, no mesmo movimento discursivo, geraram um efeito alienante sobre as relações sociais, minimizando as responsabilidades do Estado e do sujeito neste adoecimento.

Na descrição pura e simples dos sintomas e sua consequente nomeação pelo saber biomédico há uma redução em relação ao "domínio da experiência que a nomeação comprime e generaliza".[24] A consequência direta é a perda da narração do sofrimento que fica apertada em uma "ornamentação psicológica" imposta e não deixa abertura para a interpretação, a partir da qual a subjetivação do sofrimento poderia ocorrer, como ensina Benjamin,[25] em "O narrador".

Ao tratar do narrador pré-moderno, Benjamin não está em busca da recuperação de algum tipo de sociabilidade perdida, em um

24 Dunker, C. (2015). *Mal-estar, sofrimento e sintoma* (p. 26). Boitempo.

25 Benjamin, W. (1994). O narrador: considerações sobre a obra de Nikolai Leskov. In *Obras escolhidas: Magia e Técnica, Arte e Política* (pp. 197-221). Brasiliense.

movimento nostálgico, mas em um movimento que cria pontos de abertura a partir dos quais pode-se gerar condições de superação do presente através da narrativa, apostando em uma transformação do tempo futuro. Narrativa que o analista está pronto a provocar in loco, mas também a posteriori na escrita do caso clínico, mantendo o regime linguageiro.

Acaso, há caso: criar caso em psicanálise

Na bibliografia sobre casos clínicos encontramos, seguidamente, que a palavra caso tem sua origem no latim cadere, cujo sentido "queda" se desdobra em cair, declinar, perecer. No entanto, é possível também circunscrever caso acentuando a dimensão do acaso, como circunstância imprevista, de sorte ou azar, cuja origem remete à "oportunidade, ocasião, momento" ou ainda "dar importância a toda e qualquer coisa, ainda que pequena",[26] como na expressão brasileira "criar caso". Adotar essa ideia, indicando o acaso que fait événement – que "se destaca", que "traz notícia" –, significa que é o analista quem "cria caso" quando elege um evento clínico em torno do qual desenvolverá a escrita do caso, enfim, em torno do que fará caso.

Neste sentido um fragmento, um sonho, uma única sessão, pode se tornar um evento clínico e ser objeto de construção de um caso clínico, nunca todo material clínico. Freud não se intimida em escrever o caso Dora, ainda que faça a ressalva de que o tratamento durou três meses e que os esclarecimentos que visa no caso centram-se em torno de apenas dois sonhos.[27] Ensina assim que o

---

26 Dizionario etimologico online, em italiano.

27 Freud, S. ([1905] 2021). Fragmento da análise de um caso de histeria. In *Histórias Clínicas: cinco casos paradigmáticos da clínica psicanalítica*. Autêntica.

trabalho de construção na escrita pode balancear as faltas da história do tratamento, que ocorreram não apenas pela brevidade do atendimento, mas pelo limite contratransferencial de Freud, que, se por um lado, causou a interrupção do trabalho analítico com Dora, por outro impulsionou a construção, na escrita, do que deveria ter sido a condução do tratamento.[28]

A noção de evento clínico é a primeira parte da construção de um caso para a transmissão, que exige a passagem do método de tratamento – em que a construção serve a finalidades de cura – para o método de investigação, que se destina à transmissão da psicanálise em outros discursos.[29] Vários autores[30] trabalham – não exatamente da mesma maneira – a construção do caso clínico usando como base o texto "Construções na análise",[31] pois ele possibilitaria a confluência do método de tratamento e do método de investigação.

Nesse conhecido texto, Freud responde a crítica, que lhe teria sido feita por um homem da ciência, sobre a incontestabilidade da interpretação do analista. Utilizando-se do trabalho do arqueólogo como análogo ao trabalho do analista, Freud delimita a tarefa do analista:

---

28 Chiantaretto, J.-F. (1999). *L'écriture de cas chez Freud*. Economica.

29 Dunker, C., Ramirez, H., & Assadi, T. (2017). *A construção do caso clínico em psicanálise: método clínico e formalização discursiva*. Annablume.

30 Viganó, C. (2010, mar.). A construção do caso clínico. *Opção Lacaniana online*, *I*; Figueiredo, A. C. (2004, mar.). A construção do caso clínico: uma contribuição da psicanálise à psicopatologia e à saúde mental. In *Rev. Latinoam. Psicopatol. Fundam.*, *7*(1), 75-86; Rosa, M. D. et al. (2013). Clínica e política interrogadas pelo ato infracional: a construção do caso. *Diálogos com o campo das medidas socioeducativas: conversando sobre a justiça, o cotidiano do trabalho e o adolescente*; Vorcaro, A. et al. (2016). A clínica do caso construído em instituições. In *A parceria universidade e hospitais de ensino: os caminhos da pesquisa clínica em psicanálise* (pp. 11-38). CRV.

31 Freud, S. ([1937] 2017). Construção na análise. In *Obras incompletas de Sigmund Freud: fundamentos da clínica psicanalítica* (Vol. 6). Autêntica.

além de interpretar, ele constrói, atividade muito mais frequente no tratamento analítico que a interpretação. Essa construção nada mais é do que a comunicação do analista – favorecida pela relação transferencial – ao paciente de fragmentos que não podem ser rememorados, "ele terá que inferir o esquecido a partir dos sinais por ele deixados, ou, mais corretamente, ele terá de construir o esquecido".[32]

Nessa tarefa, o analista busca vincular elementos esparsos e fragmentários advindos da associação livre do paciente, dando-lhes certa unidade e aceitabilidade, tarefa que ressoa com a função de historiador que Freud atribui ao psicanalista. Encontramos aqui uma aproximação com o trabalho do analista na escrita do caso clínico, justamente a organização das proposições da fala do paciente, reconstruindo a temporalidade que restitui a lógica do dizer do paciente, para além de seus ditos.

Com a reconstrução fica claro, então, que estamos distantes da pura reprodução da realidade, dado que esse suplemento do esquecido é uma hipótese colocada pelo analista, cuja confirmação virá de forma indireta, seja por um sonho, uma associação complementar ou pela melhora do quadro clínico. Fica claro também que a construção é feita com base no material discursivo do sujeito, que nos permite localizar sua posição subjetiva colhida em seus ditos, no jogo de seus significantes privilegiados, sendo a referência ao texto[33] daquele que fala essencial a qualquer fala ou escrita de caso.

Nesse sentido, o que se acentua em um caso não é a função da verdade, mas sua eficácia - ou mesmo a falha desta –, pois coloca as relações de causalidade em jogo. Dessa maneira o relato de um caso nunca é fiel, uma reprodução do que aconteceu baseado em

---

32 Ibid., p. 367.

33 Que iria contra certa prática atual de matematização na escrita e apresentação de casos clínicos, em que muitas vezes não se é capaz de encontrar mais que duas sentenças completas do paciente.

o que quer que seja que se possa chamar de verdade, ele é, antes, uma reconstrução ficcional, nos moldes do que Lacan chamou estrutura de ficção[34]. Essa estruturação em moldes ficcionais[35] nos ajuda a entender por que "não há separação substancial entre o relato descritivo da tradição terapêutica, que a cada época tenta sistematizar o mal-estar, e outras modalidades de fazê-lo, como a literatura, o drama teatral, os tratados demonológicos, as observações populares".[36]

Não poderia ser diferente, na medida em que a psicanálise faz entrar em cena não um agente externo distanciado de seu objeto que relataria fatos, mas um analista que, vestindo o manto da transferência amorosa, é responsável por intervir como participante nas transformações subjetivas daquele que sofre. Essa participação, patente na posição de narrador personagem de Freud, se adapta ao estilo do paciente – como um bom retórico ele "ajusta sua fala a seu destinatário"[37]–, sensibiliza-se com suas palavras, em uma construção não linear, mas entrecortada por suas próprias impressões enquanto descreve as transformações de um caso clínico: o desencadeamento de sintomas, as modificações de posição subjetivas, as alterações de transferência e as repetições de seus impasses.

---

34 Dunker, Ramirez e Assadi, 2017.

35 Tão magnificamente condensada no título do texto autobiográfico de Goethe "Poesia e verdade", mas também nas conhecidas frases de Manoel de Barros: "Noventa por cento do que escrevo é invenção, só dez por cento é mentira" e "Tudo o que não invento é falso".

36 Dunker, C. (2011). *Estrutura e constituição da clínica psicanalítica: uma arqueologia das práticas de cura, psicoterapia e tratamento* (p. 42). Annablume.

37 Dunker, C. (2016). *Por que Lacan?* (p. 37). Zagodoni.

Escrita do caso clínico: "fixão"[38] *temporária de uma construção ou descrição dos fatos?*

Freud era um literato e extraiu da arte narrativa a certeza de que a literatura, e a arte em geral, antecipavam as descobertas do inconsciente. Sua atenção à escrita remonta à relação entre ela e a inscrição psíquica, desde seus textos iniciais,[39] para justificar a hipótese do inconsciente, possibilitado por essa inscrição. Isso para não citarmos os sonhos e sua escrita hieroglífica, logo dadas a leitura e a decifração por parte do sujeito. Freud, no entanto, foi econômico no que diz respeito às preconizações sobre como escrever um caso clínico,[40] o que coloca algumas perguntas: haveria uma especificidade desta escrita em psicanálise? Especificidade que a distanciaria de outras escritas, como a filosófica, literária ou a científica? Ou que justamente a aproximaria de alguma dessas escritas?

Fácil seria, já que nos utilizamos de palavras de cunho literário – narrador personagem, drama, romance –, assimilar a escrita do caso clínico a algum gênero literário. No entanto, ao fazê-lo – e a discussão em torno dessa assimilação é extensa, começando pelo próprio Freud[41] e seu aviso aos leitores para que não leiam "Fragmento da análise de um caso de histeria" como um romance-chave – teríamos que saber em qual composição literária encaixar nossos casos.

---

38 Lacan (1973/2003), em "O aturdito", cria um neologismo a partir das palavras ficção e fixação, indicando, a um só tempo, a ficção compreendida na estrutura fantasmática e sua fixação de gozo.

39 "Tratamento psíquico" (1891), "Sobre a concepção das afasias: um estudo crítico" (1981) e "Projeto para uma psicologia científica" (1895).

40 Não estamos aqui identificando a escrita como suporte de uma inscrição – fundamento do inconsciente – e a produção de um texto. No entanto, essa é uma discussão extensa e profícua que permeia muitos trabalhos, e um deles é *Cartografias do avesso* (Birman, 2019), especificamente no capítulo 5, "Escrita e ficção em psicanálise", tópico Memória, Escrito e Arquivo, p. 176.

41 Freud, [1905] 2021.

Nesse sentido, o romance policial[42] como gênero literário de busca da verdade que preserva as manifestações do estranho sem estender-se em longas descrições, que não deixa passar pequenos detalhes que revelam a causa do crime encoberta em elementos desconexos, além de esclarecer os rastros pelos quais se chegou às conclusões, não é só contemporâneo ao aparecimento da psicanálise, como parece mimetizá-lo enquanto método de investigação.[43] No entanto, colar a escrita de um caso clínico a um gênero literário poderia levá-lo a uma replicação de modelos preestabelecidos, o que "implica na diminuição do seu caráter de estranheza e seu poder de produção de ficções".[44]

Esta temática liga-se à construção em análise, pois, suplementando o que não pode ser lembrado, reconstrói-se um passado ficcional, potencializando uma transformação do passado e, portanto, geradora de efeitos no presente e no futuro. Esta ficcionalidade construída envolve um regime de relação a si, a um outro mediado – pela transferência – e um regime de relação com o mundo. Ora, o modelo disso é o literário, pois ele cria uma realidade interpretativa que é uma ficção, mas que, ao mesmo tempo, existe no mundo tal qual ele se apresenta.[45]

Assim, ante a ameaça da ficcionalidade sentida por Freud – o aviso para o leitor não tomar o caso como um romance-chave – que ilustra certa refutação ao discurso literário, ao mesmo tempo que o adota e nele se apoia, e sua opção por fazer valer um discurso científico

---

42 Dunker, C., Assadi, T., Bichara, A., Gordon, J., & Ramirez, H. (2002, jun.). Romance policial e a pesquisa em psicanálise. *Interações*, *7*(13), 113-126.

43 Dunker e Ravanello, 2017, pp. 87-102.

44 Paulon, C., Ravanello, T., & Dunker, C. (2018). De Freud a Lacan: o discurso da cura como narratividade. In *O caso: entre exceção e transmissão*. Mercado das Letras.

45 Notas de aula de Dunker na disciplina Transformações de Estrutura como Operadores Clínicos, IPUSP, 2020.

naturalista, teremos que pensar o conflito entre literatura e ciência de maneira produtiva.[46]

O que significa dizer tomar a forma literária como uma "forma de pensamento e não apenas uma expressão emocional de estados de ânimo ou uma intriga psicológica sobre relações humanas".[47] Tese compartilhada por Rancière, que defende que a ficção é parte integrante do mundo e, mais além, que ela é uma maneira de fazer mundo, uma estrutura de racionalidade, "a primeira grande forma de racionalização da ação humana".[48] Deve ser em função do que propõe Rancière que Antonio Candido reserva às diversas formas literárias a capacidade consciente do desmascaramento das realidades em situações de restrição dos direitos ou mesmo de sua negação, reservando à literatura um lugar especial na luta pelos direitos humanos.

Isso posto, não nos parece ser de grande valia investigar as marcas formais ou regras de composição literária dos casos clínicos de Belo Monte. A clássica distinção entre forma e conteúdo oriunda do discurso literário tampouco parece nos ajudar, dado que, a partir de Lukács, a concepção de forma literária "implica numa dialética em que as formas 'moldam' a realidade e a realidade 'molda' as formas, em caráter aberto",[49] ou seja, ainda que se valha da realidade, a forma literária pode alcançar uma realidade emancipada.

Se a definição de gênero compreende sua delimitação em classes ou categorias pela recorrência narrativa de conjuntos de enunciados, com suas regras adjuntas que se repetem, o caso clínico é precisamente o que pode desestabilizar essa delimitação ao se apoiar na

46 Silva Junior, N. da. (2019). *Fernando Pessoa e Freud: diálogos inquietantes*. Blucher.

47 Dunker e Ravanello, 2017, p. 96.

48 Rancière, J. (2021). *João Guimarães Rosa: a ficção à beira do nada* (p. 8). Relicário.

49 Dunker e Ravanello, op. cit.

"estranheza que o move . . . como função interna de renovação da forma literária que lhe motiva".[50]

Esse conjunto de enunciados que dá visibilidade às formas de sofrimento acontece na psicanálise a partir dos casos clínicos – tal qual na literatura a partir dos romances, contos, novelas; nas linguagens estéticas, o cinema, teatro etc. –, e nesse sentido poderíamos pensar o caso clínico como uma espécie de literatura feita por psicanalistas.

Seria essa estranheza motivadora, que apresenta no texto dos casos clínicos de psicanálise seu traço mais marcante, na medida em que pode presentificar e transmitir a própria experiência do inconsciente?[51] De fato, privilegiar a experiência da inquietante estranheza nos coloca junto ao discurso psicanalítico, logo distantes de argumentações indiscutíveis e exaustivas, expostas de maneira totalizante.

Talvez qualquer texto que promova a experiência do inconsciente no leitor terá a marca de um texto psicanalítico, constituindo no leitor "um campo particular de evocação similar a uma experiência analítica",[52] o que não significa dizer a experiência de uma análise. Tendo a linguagem e o inconsciente o mesmo registro de fundação e dado que a linguagem não se restringiria à faculdade de comunicação e troca de informações, mas à possibilidade de evocação, da mesma forma "o inconsciente faria sua emergência efetiva na evocação do sujeito", a partir de seus enunciados.

A experiência do inconsciente se daria então pela possibilidade da aparição do sujeito na materialidade da língua. No entanto, o inconsciente é justamente aquilo que rompe o campo contínuo da

---

50 Ibid., p. 97.

51 Logicamente esse traço se apresenta em outros tantos textos literários antigos, modernos e contemporâneos, produzindo efeitos desconcertantes no leitor dado o encontro com a *Outra cena* inconsciente.

52 Birman, J. (2019). *Cartografias do avesso: escrita, ficção e estéticas de subjetivação em psicanálise* (p. 136). Civilização Brasileira.

experiência consciente, apresentando-se por irrupções pontuais e descontínuas, logo sujeita à contingência. Como então isso se traduziria a partir de uma escrita, de um texto?

Primordialmente pela narrativa clínica do percurso do sujeito na experiência analítica. Neste horizonte, para além da reconstrução ficcional da história singular do paciente, em primeiro plano se destacam as marcas do sujeito do desejo: sintomas, acontecimentos, reviravoltas em seu discurso, dadas por associações inusitadas entre seus ditos fragmentários ocorridas dentro do tratamento analítico, reveladoras do registro linguístico da enunciação e não do registro psíquico do eu.

A enunciação em Lacan é aquela que encadeia a *Outra cena*, à qual aludia Freud, em que se estruturam os significantes específicos que constituem o inconsciente. No apreço pelos pequenos detalhes, nas modulações discursivas, o sujeito tenciona-se entre os registros do tempo presente e passado e, no horizonte, a possibilidade de reconstrução de seu futuro, através dos traços narrativos que apontam as transformações de sua significação e de sua posição em relação a sua história.

Em segundo plano, mas de forma simultânea, a experiência do inconsciente se traduziria na escrita dos casos como uma tentativa de transposição dos efeitos da transferência, tal como vimos no percurso freudiano com Dora. O término de uma transferência costuma deixar restos que não podem ser assimilados durante o trabalho analítico, tendo a escrita do caso clínico a tarefa, para o lado do analista, de elaboração destes restos em uma tentativa de separação do analisante pela criação do que da transferência não encontrou inscrição, tempo e representação,[53] bem como o endereçamento desta elaboração para

53 Dunker, 2011.

uma comunidade de pares, num esforço de transmissão de um saber sobre a práxis analítica.

Aqui faz entrada o terceiro elemento da escrita do caso clínico: a figura do leitor, que, se capturado pelo texto, desconstrói a fixão da construção feita pelo analista-autor do caso, revelando seu caráter temporário. Em um lugar incerto de intérprete, o leitor ativo estabelecerá um diálogo intertextual, fugidio e pontual, a partir do qual constituirá sua experiência de encontro com o texto. Logicamente esse encontro é imprevisível e constitui mesmo a singularidade da experiência do contato com a psicanálise que, se por um lado conta com as marcas da universalidade conferidas à escrita, por outro pode provocar uma necessidade de elaboração desse encontro por parte do leitor.[54]

Foi na perspectiva de leitores que nos debruçamos nas histórias clínicas de Belo Monte, num duplo movimento: transmitir alguns processos de tratamento e, no campo social, restituir a história local de uma população, dada a possibilidade de reconstruí-la. É aí que reside uma boa maneira de articular psicanálise e literatura a partir dos casos clínicos: "estes seriam a alegoria, no sentido de nos apresentar, ao mesmo tempo, o momento histórico do caso, o momento epistemológico da psicanálise, a sua veridicção epocal e a sua transferência ao leitor".[55]

---

54 Birman, op. cit.

55 Paulon, 2019, p. 45.

3. Texto dos casos

São intransmissíveis todas as experiências
salvo se as tornarmos literárias.
Fernando Pessoa, 2006

Fazer passar esses casos é a tarefa principal colocada neste capítulo. Mas transmitir e generalizar a experiência de sofrimento coletivo, clinicamente testemunhada, colocou, de saída, algumas questões: como fazê-lo? A partir de qual metodologia? Seria o momento de utilizarmos o que comumente se chama em psicanálise de caso único ou singular? Ou poderíamos nos esforçar por ampliar as fronteiras entre o particular e o coletivo? Lembramos que a intervenção Clínica do Cuidado atendeu setenta casos, em um total de 171 sessões que resultaram em mais de setecentas páginas de casos escritos e que, em se tratando de fazê-los passar, me perguntei em que poderíamos nos fiar para partir do um-a-um e ultrapassar essa contagem.

Nada mais justo do que começarmos pela figura daquele que passa, o passador, aqui retomada sob uma perspectiva barthesiana.

Passador, leitor louco?

Muita tinta psicanalítica já correu na tentativa de aproximação e definição deste termo: passador. Lacan o criou em 1967, na proposição dos termos de funcionamento de sua Escola: cartel e passe. Esses dispositivos não são apenas aparatos burocráticos de estruturação de uma instituição, portando em si mesmos processualidades que dizem respeito ao fazer analítico e à transmissão da psicanálise. No caso do cartel, a sustentação de um não saber e, no passe, a tentativa de capturar o surgimento do desejo do analista, ambos necessários à prática analítica.

Coloco de lado a questão do cartel, pois não está dentro do escopo deste livro, e me centro no passe, não como dispositivo institucional – aplicado de formas diversas em instituições lacanianas também diversas, mas sempre com o intuito de responder à pergunta legada por Lacan: "Enfim, a partir de quando há analista?"[1] –, mas como uma máquina de fazer passar o testemunho de uma experiência, lubrificada pelo que Lacan chamou desejo de analista.

As referências em Lacan sobre a função passador não são em grande quantidade, primam pela simplicidade e giram em torno do momento de passagem de analisante a analista, momento no qual ocorreria uma mutação do desejo, resultando na instalação desse desejo não puro, que tenta fazer valer a diferença absoluta: desejo de analista.[2] Momento propício, segundo ele, para fazer passar, para transmitir um testemunho.[3]

---

1 Lacan, J. (1972). *Intervenção na Escola Belga de Psicanálise*. Texto inédito.

2 Lacan, J. (1964/1998). *O seminário, livro 11: os quatro conceitos fundamentais da psicanálise*. Zahar.

3 No caso do dispositivo do passe aplicado nas instituições lacanianas, o testemunho em questão é o do chamado "passante", aquele que já teria encontrado o desenlace de sua experiência pessoal de análise e que escolhe ir até o "passador"

Em 1967,[4] ele define o passador como aquele que ainda está em análise, mas não em qualquer momento, e sim atrapalhado com o desenlace desta. Para explicar o que seria estar "nesse passe", diz, simplesmente: "estar no passe em que, precisamente, advém o desejo do psicanalista, esteja ele, ou não, em dificuldade".[5] E, para que não restem dúvidas de sua posição, arremata em 1973:

> *Aqueles que estão ocupando a posição do passador em certos casos, de fato se colocam como* analistas: isto não é absolutamente o que nós esperamos deles. O que nós esperamos deles é um testemunho, é uma transmissão, uma transmissão da experiência, *uma vez que ela não é justamente dirigida a um velho, a um mais velho.*[6]

Isto em Lacan. Se nos ativermos ao que foi depois produzido por inúmeros psicanalistas, teremos algumas definições-metáforas: passador como uma placa sensível,[7] como mediador assimétrico, como difusor da música do passante etc. Definições-metáforas que tentam condensar o que é preciso para estar nesta posição de passador de um testemunho de uma experiência.

Buscando uma nova metáfora para esta posição que pudesse aqui nos servir, nos encontramos com Roland Barthes e com a figura do leitor por ele ensejada. Faremos referências, então, a alguns de

---

para testemunhar os atravessamentos de sua análise, a experiência de desenlace, bem como da emergência do desejo de analista.

4 Lacan, J. (2003). Proposição de 9 de outubro de 1967 sobre o psicanalista da Escola (p. 261). In *Outros Escritos*. Zahar.

5 Lacan, J. (1986). Um procedimento para o passe. *Ornicar?*, (37), 7-12.

6 Lacan, J. (inédito). Intervenção na sessão de trabalho "Sobre o Passe", 3 nov. 1973, grifos nossos.

7 A metáfora da "placa sensível", emprestada da linguagem técnica da fotografia, foi utilizada por Miller em 1990 num texto chamado "A Escola e seu psicanalista".

seus artigos reunidos no livro chamado *O rumor da língua*. Comecemos com um pequeno texto lá contido: "Escrever a leitura" – aí está! Essa já poderia ser uma função do passador. Barthes começa com uma interrogação:

> *Nunca lhe aconteceu, ao ler um livro, interromper a leitura, não por desinteresse, mas, ao contrário, por afluxo de ideias, excitações, associações? É essa leitura, ao mesmo tempo irrespeitosa, pois que corta o texto, e apaixonada, pois que a ele volta e dele se nutre, que tentei escrever.*[8]

Poderíamos dizer: que o passador tenha desejo de escrever. Barthes faz um experimento. Lendo "Sarrasine", de Balzac, escreve sistematicamente essas interrupções, já que, para ele, ler implica sempre a clivagem do sujeito de que falava Freud, o que resultaria em "um modo de leitura que não distingue os significados dos referentes, que não leva em conta o caráter fictício do texto".[9] Sobre esse escrever, diz: "não falei nem de Balzac nem de seu tempo, *não fiz nem psicologia* das suas personagens, *nem a temática do texto*, *nem a sociologia* do enredo".[10] Como fez, então, Barthes? Tentou filmar em câmera lenta a leitura desse texto. O resultado não foi nem uma análise, nem uma imagem, "simplesmente um texto, esse texto que escrevemos em nossa cabeça quando a levantamos".[11]

Ele chama à ordem uma ênfase ainda por ser dada ao leitor, já que muito falou-se sobre o autor. Não estamos muito longe do

8 Barthes, R. (2012). *O rumor da língua* (p. 26). WMF Martins Fontes.

9 Carpentiers, N. (1998). *La lecture selon Barthes* (p. 122). L'Harmattan. No original em francês: "*un mode de lecture qui ne distingue pas le signifiés des référents, que ne prend pas em compte le caractère fictif du texte*".

10 Ibid., p. 27, grifos nossos.

11 Ibid.

conhecido texto de Foucault, de 1969, "O que é um Autor?", e Barthes está, em 1970, tentando suscitar, como ele chama, uma "teoria da leitura". Para ele, o autor estava ainda sendo considerado o proprietário eterno de sua obra, procurava-se entender o que o autor quisera dizer, mesmo sob advertência de muitos autores de que seríamos livres para ler suas obras como bem entendêssemos. Assim, resume Barthes: "o nascimento do leitor deve pagar-se com a morte do Autor",[12] em clara alusão ao debate com Foucault. O leitor tem agora um lugar nobre, não mais como "decodificador de uma intenção preexistente", mas como articulador de sentidos que promoveria uma "coautoria interpretativa" desfazendo as fronteiras entre "autor e leitor, leitura e escritura".[13]

Mas que leitor seria esse? Aquele que poderia se servir das raízes do verbo ler, cuja etimologia porta as seguintes nuances: "*Ler era também recolher, colher, espiar, reconhecer os traços, tomar, roubar*. Ler denota, pois, uma participação agressiva, uma apropriação ativa do outro".[14] É, há de se estar "no ponto" para tal tarefa. O pobre diabo ocupado dessa função de *fazer passar o testemunho de uma experiência* parece ter que escolher entre ser pobre ou diabo. Diabólico, talvez possa roubar o ímpeto dos momentos de passagem, reconhecer os traços das viradas no percurso do testemunho, tomar o incerto pelo certo. Como pobre, pedirá pelo Autor, pelo romance, pela verdade, por mais um sentido, pela obra, por um fim ou ainda por uma origem etc.

Há então uma posição a ser tomada perante o textemunho[15] e Barthes defende sua "leitura louca" contornando e delimitando

---

12 Ibid., p. 64.

13 Durão, F. A. (2011). Do texto à obra (p. 70). *Estudos Neolatinos, 13*, 67-81.

14 Kristeva, J. (2012). *Introdução à Semanálise* (p. 176). Perspectiva, grifos nossos.

15 Feliz expressão de Carla Rodrigues, assim retomada por Jairo Gerbase e Suely Aires: "Se de um lado o testemunho coloca em cena a condição de falante, condição que se faz e se apresenta diante de um outro, em ato que implica

as diferenças entre Texto e obra, em um artigo chamado "Da obra ao Texto"[16] – título que já explicita um caminho, uma passagem "Da... ao...", parte-se da obra, chega-se ao Texto. À obra caberia um processo de filiação, com correlação de obras entre si e uma apropriação da obra pelo seu autor, que é pai e proprietário dela, e deverá ser respeitado, mantendo-se seu significado, limitando assim seu sentido. Chega-se ao Texto e, a esse, nada lhe é devido: sua leitura pode ser quebrada, uma vez que é feita fora da "garantia do Pai", a pluralidade e a multiplicidade de sentidos têm aqui seu lugar, pois "só se prova o Texto num trabalho, numa produção".[17] Poderíamos colocar em termos de grandezas inversamente proporcionais: quanto mais obra, menos Texto.

Ainda que se possa criticar a argumentação binária[18] da proposta barthesiana – da frágil caracterização da obra em contraposição com a abundância plural do Texto – e como a argumentação do polêmico artigo "passa a flutuar e a assumir algo de onírico", é inegável seu lugar estabelecido na história da teoria literária e a saída estratégica de Barthes para a crítica da diferenciabilidade problemática dos textos, quando esses perdem o referente, qual seja: "os textos não diferem em termos de conteúdo, essência, substância ou referência, mas em produtividade, em capacidade de gerar sentido".[19] O que nos

endereçamento; de outro, o testemunho aponta para o limite do discurso e da formalização e, em um mesmo gesto, dá provas do limite do saber em sua própria enunciação. Em ambos os usos do termo, *o testemunho mostra-se como um modo de enunciação que não remete à decifração, nem mesmo propriamente à significação, mas se constitui em ato de palavra*. Nesse sentido, o testemunho produz efeitos, sobre si e sobre o outro, em que a enunciação – escrita, no caso do textemunho – *parte do um-a-um e ultrapassa essa contagem*".

16 Kristeva, op. cit., p. 72.

17 Ibid., p. 67.

18 Durão, 2011, p. 70.

19 Ibid., p. 71.

fez perguntar se os casos clínicos podem ser uma espécie de Texto, no sentido barthesiano, ou seja, capazes de gerar produtividade.

Para os psicanalistas, o caráter onírico não é de maneira alguma indigno e é mesmo matéria de nosso labor cotidiano, afinal: "Como é que se poderia captar toda essa atividade psíquica de outra maneira que não como um sonho?".[20] E, claramente, chegar a pluralizar os sentidos que a neurose dá "(à) essa cadeia espúria de destino e de inércia, de lances de acaso e de estupor, de sucessos falsos e de encontros desconhecidos que constituem o texto corrente de uma vida humana"[21] é quase tudo o que visa um analista na direção de um tratamento.

Barthes defende uma longa operação de transmutação da obra em Texto, via operação de leitura, que atenua as fronteiras rígidas entre autor/leitor, resultando na inidentificabilidade da palavra do autor e revelando "que isso fala", em que pesem todos os esforços do eu para ser senhor em sua própria casa. Essa operação em Barthes seria dada por:

> *uma leitura que assumisse a sua afirmação, seria uma leitura louca, não no que ela inventasse de sentidos improváveis (contra-sensos), não no que ela "delirasse", mas por ela captar a multiplicidade simultânea dos sentidos, dos pontos de vista, das estruturas, como um espaço estendido fora das leis que prescrevem a contradição.*[22]

Assim, entrar nos textemunhos de Altamira, escrever sua leitura, não é de maneira alguma interpretá-los livremente, é, principal e

---

20 Lacan, J. (1992). *O seminário, livro 17: o avesso da psicanálise 1969-1970* (p. 73). Zahar.

21 Ibid.

22 Barthes, 2012, p. 41.

drasticamente, reconhecer que ali não há verdade da leitura, mas que ela provocaria "momentos de verdade". Longe de procurar pela compreensão, um passador-leitor aceitaria deixar-se tomar "por uma inversão dialética: finalmente, ele não decodifica, ele sobrecodifica, não decifra, produz, amontoa linguagens, deixa-se infinita e incansavelmente atravessar por elas: ele é essa travessia".[23]

Uma primeira leitura do conjunto de casos da Clínica do Cuidado

Na tentativa, então, de passar os casos, fui à leitura e aqui escrevo minhas articulações, entrecortadas pelas leituras sobre o caso clínico e literárias, por conversas com colegas, com o grupo de orientação, com o orientador, pela minha escuta clínica, enfim, por minha formação contínua enquanto analista. Essa leitura não deixa de ser uma aposta.

O primeiro elemento a se destacar é a dificuldade de colocar todos os casos em um conjunto que poderia ser intitulado "caso típico" de Altamira. O caso típico baseia-se na descrição de um tipo puro – cujos elementos pertencem a todos os membros de uma classe, possibilitando formular leis universais referentes a todos; deste podem aparecer formas variantes que, no entanto, não conseguem fazer parte da classe. Essa dificuldade parece ter sido também enfrentada por Freud, em "Estudos sobre histeria", pois o que temos ali são casos de tipos mistos – entre neuroses de defesa e neuroses atuais.

O interessante de ser retido aqui é que foi também a partir dessa dificuldade, e mesmo dessa falha em descrever o tipo puro, que

---

23 Ibid.

Freud empreende a construção do caso clínico tal como a conhecemos em sua obra: com suas impressões subjetivas, seu apoio na literatura, mas, primordialmente, seu raciocínio abdutivo, que possui caráter explicativo e intuitivo na busca da melhor explicação para um fenômeno, de onde provém sua marca de inovação e criação, já que este tipo de raciocínio permite a introdução de ideias novas.[24]

Assim, os casos de Altamira seriam incomensuráveis – em função das inúmeras diferenças como grau de escolaridade, de modalidades de sintoma, situação de vida, profissão, estruturação psíquica, por exemplo – se não mantivéssemos o recorte Belo Monte. Fato objetivo que agrupa essas pessoas e traz comensurabilidade para os casos, ainda que esse fato tenha impactado a vida dessas pessoas de modo muito diferente, elas estão aqui agrupadas em função disso. Ou seja, não estamos procurando o tipo clínico puro do Xingu, nem se haveria histerias de conversão por lá, mas muito mais como esse fato impactou a população e como o clínico pode narrá-lo em torno da escrita do caso atendido, ressaltando as transformações discursivas, quando houve, no ribeirinho escutado.

Nesse sentido, há nestas narrativas sempre um preâmbulo que versa sobre o entorno, a montagem da cena-atendimento, local descrito de maneira subjetiva, mas não de maneira estática, como quem descreveria uma foto, mas com as interferências que vão ocorrendo ao longo do tempo no encontro e desencontro com o paciente, que nem sempre são utilizadas pelo clínico no momento do atendimento. Quando o são, não raro, aportam algum desvelamento desse encontro, fazendo entrar, sorrateiramente escancarado, algo que é crucial, que talvez eu chamasse de evento clínico e que muda o "rumo da prosa", por assim dizer.

---

24 Dunker, C. (2011). *Estrutura e constituição da clínica psicanalítica: uma arqueologia das práticas de cura, psicoterapia e tratamento*. Annablume.

Especificamente em "Um filho imóvel", a voz da mãe ecoa da cozinha para a sala onde ocorria o atendimento, e o filho segue contando de suas mazelas com as mulheres que teve na vida. As interferências não cessam e soma-se a frase do pai: "teve treze filhos". Neste momento o filho sai da sala com o pretexto de atender o telefone e não volta. Estampa-se assim constrangimento da vida daquele que é mais falado do que fala, confirmado a posteriori, em um segundo encontro telefônico, pela fala "ninguém sabe da minha vida", bem como "meus pais interferem na minha vida".

Pareceu-me importante apontar esse fato pois os dados externos da vida do sujeito – que não são indicados comumente na escrita da clínica – nos casos de Altamira se fazem presentes em praticamente todos, em maior ou menor quantidade. Talvez isso indique uma marca de diferença do que se costuma chamar clínica extramuros, onde o contexto insere-se necessariamente no texto do clínico. Essa forma de narrar foi recorrente na escrita dos casos, em que encontramos construções que vão do periférico para o centro – contam a cidade, o lugar, a casa, a família, o encaminhamento, a chegada do paciente, e, se tivermos sorte, chegaremos a ouvir a voz do sujeito no último parágrafo do texto. O movimento contrário conta o caso a partir do centro, ou seja, a partir do sujeito, de como esse se presentifica na cena do atendimento, recorrendo ao periférico apenas quando este salta da boca do sujeito.

Assim, há casos em que a escrita foca o sujeito privilegiando suas saídas, suas "sacadas", outros privilegiam mais o sofrimento, criando um sem-fim de "queixas" mais ou menos suportáveis de serem lidas, com poucos questionamentos, consistindo mais em uma descrição, algumas vezes com especulações e fabulações forçadas.

O que chamei "preâmbulo" se refere ao entorno com as impressões subjetivas dos clínicos, mas também o próprio preâmbulo que o atingido faz de sua vida e que se faz presente na escrita. Na maioria das vezes, logo após as apresentações de praxe, os ribeirinhos começam por sua condição atual, com queixas provindas da situação à qual foram lançados, em uma fala coletiva, em que o "a gente" cobre também o sofrimento coletivo. Após isso, inicia-se um testemunho pessoal e um apelo à memória denotado pela introdução "lembro que...", articulada ao tempo "quando ainda erámos..." e ao local "lá era diferente, pois...". A dimensão temporal e territorial parecem ser elementos de extrema importância quando o narrador não é onisciente, o tempo atravessa então as vidas, os nomes e as memórias. A rememoração ocorre quase sem apelo, aquele que é escutado começa naturalmente por aí: por sua genealogia (filho de fulano, pai de ciclano), mas também pelo lugar de pertença (do rio Xingu, perto da Ilha Bella do Xingu ou Ilha da Praia do Porco, do Alto Xingu etc.).

Ainda nesse preâmbulo, fica evidente que o "acontecimento" Belo Monte pode ser tomado como um encontro com o real, no sentido daquilo que vem fazer um corte na sequência ordinária do tempo. A instalação da UHE irrompeu um furo na trama simbólico-imaginária onde se ancorava a apresentação da realidade para essas pessoas, com seu suporte fantasmático adjunto no enquadramento desta realidade. Há um ABM/DBM – um Antes Belo Monte/Depois Belo Monte –, ainda que a barragem tenha demorado anos para ser construída, ainda que a luta contra ela tenha sido mais longa que sua construção. Como isso é possível? Ao que parece, a experimentação desse furo segue disposições singulares e é atravessada por afetos de medo, angústia e ansiedade que dificultam a construção de uma apreciação sobre o tempo presente e sobre as perspectivas futuras.

Diferentemente da clínica médica geral, não temos uma lógica de universalização de sentido e, acima de tudo, não há busca de um regime de verdade a partir do discurso do paciente. Estamos longe de um discurso que prima por colonizar traços particulares de indivíduos colocando-os sob a égide de alguma categoria de enfermidade física ou mental. Nessa mesma linha, não há ocorrência de diagnósticos, mesmo os mais simples que possamos pensar, como neurose, por exemplo. Fica claro que a questão diagnóstica não está no escopo da lógica dessas escritas, que seguem a ruptura freudiana com a narrativa clínica centrada na enfermidade e o remanejamento dessa narrativa em direção ao sujeito. Mesmo a palavra sintoma é usada com cautela – 50 ocorrências, contra 98 para estranho, por exemplo. Estranho parece ser a nomeação mais comum dada pelo clínico quando há uma quebra na ordem regular de presentificação da realidade, quebra sentida na narrativa do ribeirinho e que faz brecha para a intervenção do clínico e transparece na escrita.

Não há estilo descritivo e, embora a construção seja linear, com começo, meio e fim, ela não resulta em uma conclusão específica e delimitada, deixando o leitor a cargo de evidenciar, pelo procedimento empregado, uma relação de causa e efeito. Não temos tampouco um raciocínio analítico que conduz a um efeito no plano teórico, seja por um refinamento de um esquema, seja pela invenção de um conceito. Mas, sim, temos uma demonstração do uso do nosso instrumental, o "como fazemos" se depreende espontaneamente das intervenções dos clínicos.

Os clínicos não soltam os significantes dos atingidos e os colocam na narrativa, com fragmentos de diálogos. Esses significantes acabam por delimitar o campo semântico da escrita dos casos. Como o exemplo: "caminho da roça", significante do paciente, torna-se "sem ter seu caminho de roça, não sabia que caminho seguir" na escrita do clínico; ou ainda "aposta na terra" desliza para "aposta na vida"; "cimentar o quintal", que aparece na fala do paciente, é tomado como o modo do paciente "cimentar a fala de sua esposa"; a alucinação de uma aranha intromete-se no texto como "quando já estávamos quase presas na teia que se armou...". Assim, narrativizar esses casos passou por usar o léxico do paciente, em movimento criativo que buscou outros sentidos, não se restringindo ao uso primeiro que os pacientes faziam desse mesmo léxico.

Ao longo dos textos vão se operando esses deslocamentos significantes, em movimentos metafóricos e metonímicos, um pouco como nas notas de Freud, na construção do caso "Homem dos Ratos", que "se adapta ao estilo do paciente, sensibiliza-se com as palavras do paciente".[25] Falar a língua do paciente é o que, dentro da tradição psicanalítica, os analistas fazem (ou pelo menos deveriam fazer), mas é interessante ler como isso transborda para a escrita do caso. No entanto, nem sempre fica evidente se esse deslocamento foi uma interpretação do clínico na hora do atendimento, ou se construído após, na escrita do caso. Acredito que essa área de imprecisão, longe de apontar para algum tipo de descuido, falsidade ou falta de objetividade, parece ser justamente o ponto onde a transmissão do saber e do fazer próprio a psicanálise se fazem presentes.

Destaco também que nas escritas desses casos passa-se da terceira para a primeira pessoa e volta-se a terceira, algumas vezes com marcadores claros, outras não. Chama mais atenção não tanto essa passagem do "ele/ela" para o "eu", comum nos casos freudianos, mas o fato de que essa passagem pode ser acrescida de fatos, sonhos e histórias pessoais do clínico, por exemplo: "foi muito importante para mim escutar a história dessa paciente, pois percebi que não sabia a história das mulheres da minha família". Ainda que esse adendo esteja em um parágrafo à parte, essa intromissão da história do clínico cria certo estranhamento ao mesmo tempo que familiariza a questão do caso, criando fissuras nas barreiras culturais, que eram inegáveis. Impossível não se perguntar: quem interpretou quem no momento da escrita do caso?

25 Mezan, R. (1998). *Escrever a clínica* (p. 162). Casa do Psicólogo.

Salta aos olhos também os títulos colocados nos casos: "A aposta na própria história", "A mulher com ciúmes", "Descosturada ou afogada", "Entrou água", "Jaca madura virou doce" (fruto de uma interpretação[26] belíssima do cuidante Rodrigo Souza), "Arara em silêncio", "A saúde que o rio lhe dava", "Sonho traído" etc. Sabemos que Freud apresentava seus casos com títulos que traziam situações sintomáticas, como em "A dama que se proibia de usar adornos", mas também que traziam o ponto de real inominável, como em o "Homem dos Ratos". Via de regra, os casos de Altamira trazem uma condensação acertada e esclarecedora da problemática do caso e me perguntei se não são esses títulos, não todos obviamente, que trariam o que Dumézil[27] chama a marca do caso (le trait du cas). A marca do caso é um operador metodológico que possibilitaria a passagem de um fragmento agudo, como uma marca que o trabalho analítico deixou inscrito, circunscrito, pelo menos na visão do analista.

Para voltar à noção de evento clínico, a partir do qual muitos clínicos fizeram girar seus casos e a consequente transformação discursiva, ou a falta desta, sua transmissão parece ocorrer através do que se pode chamar quebra do pacto escritor-leitor. O conhecido corte discursivo freudiano, a saber: "A área da ressonância gástrica estava ampliada. Não me saudou como quem pudesse retirá-la do aperto", para além de argumentar sobre "corte discursivo entre a vertente clínica (descrição médica) e da cura (observação psi sobre a confiança no terapeuta)",[28] ilustra uma quebra no pacto escritor-leitor.

---

26 Interpretação é aqui entendida como as diversas formas que os clínicos se utilizaram para constituir e destituir os sentidos de um enunciado em suas relações com outros enunciados e discursos.

27 Dumézil, C., & Brémond, B. (2010). *L'invention du psychanalyste: le trait du cas*. Érès.

28 Fender, W. D. (2018). *Momento de construir: a construção do caso clínico em psicanálise* [Dissertação de mestrado] (p. 56). Instituto de Psicologia, Universidade de São Paulo.

O pacto é um "contrato" entre as partes envolvidas, em que cada uma se compromete a comportar-se de acordo com o que foi firmado. Nesse sentido, há alguns tipos de pactos de leitura,[29] conforme as especificidades dos gêneros textuais, logo temos o pacto realismo fantástico, bem como o pacto científico (para a leitura de trabalhos científicos como artigos, dissertações e teses). Ora, Freud honra bem o pacto na primeira frase de seu recorte clínico: "a área da ressonância gástrica estava ampliada", já na segunda... ele o quebra, deixando escapar sua impressão subjetiva sobre a paciente: "não me saudou como quem pudesse retirá-la do aperto" e o pensamento que lhe ocorreu naquele momento. O que leva o leitor a se reposicionar perante a leitura, pois o pacto foi rompido. Mas o que, após esse rompimento, pode ser estabelecido? Um novo pacto de leitura? Ou a questão é menos a quebra e mais o que pode passar através dela, a enunciação de uma verdade que não estava enunciada? No caso freudiano, o que veio a se chamar depois de fenômenos da contratransferência e, para além disso, que a posição de Freud já se distanciava da medicina.

Sigo escrevendo a leitura dos casos: como sintoma mais comumente encontrado nos ribeirinhos temos a imobilidade, que aparece na maioria dos casos, nas variações singulares "o rio parou", "na cidade o dia não passa", "tenho vontade de abandonar tudo, mas como não tem lugar de destino, fico onde estou", "às vezes quero voltar pra trás, isso não dá, mas eu também não consigo ir pra frente, estou parado", "eu nunca fiquei parado, mas agora...". Ou seja, não é apenas pelo desalojamento que há sofrimento, mas há sofrimento porque, a partir desse desalojamento, uma imobilidade se impõe. O desenraizamento provocou, em algumas dessas pessoas,

---

29 Eco, U. (1994). *Seis passeios pelos bosques da ficção* (H. Feist, Trad.). Companhia das Letras.

adoecimento – lembro que o modo de vida anterior deles era de grande mobilidade.

Pergunto-me se essa imobilidade não é própria da dimensão dos refugiados que não encontram novos lugares, simbólicos e físicos, e restam imobilizados nessa condição.

Nesse sentido, poderíamos fazer do "refugiado em seu próprio país" a figura paradigmática do acontecimento Belo Monte a partir desse significante representativo "imobilidade", desse "não ter para onde ir", que aparece transversalmente nos casos, ainda que singularizado no um-a-um? Traço que questiona e aclara as configurações sociais contemporâneas? Trataremos desse recorte em um capítulo à parte.

No entanto, se é verdade que se pode imobilizar um corpo, também é verdade que o sujeito subsiste e dará seus sinais pelos sintomas, pela inibição e pela angústia. Essa imobilidade toca na percepção do tempo, que passa a ser outro para os ribeirinhos, também paralisado. Há também a infinidade de lutos e perdas não tratados que a partir de Belo Monte voltam a se manifestar em sofrimento.

Claramente a escrita dos casos clínicos de Belo Monte se aproxima muito mais de construções literárias; isso se atesta em pequenos trechos escritos em poesia e mesmo um caso cuja escrita foi feita em versos, combinando, com maior ou menor harmonia, palavras e ritmos. Deixo de lado a função poética da prosa, que também comparece. Enfim, um pouco do que vimos no capítulo anterior sobre a tensão entre literatura e ciência, que está na origem das discussões sobre a construção dos casos clínicos em psicanálise.

Essa tensão poderia ser justificada, como o faz Marie Jose Latour,[30] analisando a obra de Philippe Forest, pelo fato de que ambos,

---

30 Em apresentação do livro de Marie-José Latour, *Lire ce qui ne cesse pas de ne pas s'écrire*, com a presença de Philippe Forest.

literatura e psicanálise, se ocupam do real. Bom, inegável. No entanto, outras ciências também se ocupam do real, permanecendo a pergunta: qual seria a diferença neste caso? Seria a possibilidade de, além de não excluir, enfatizar os sujeitos em sua divisão primordial, logo em seus desejos e nas ficcionalidades fantasmáticas que tentam contornar tal divisão? Ênfase que toma como princípio a falta no campo do Outro, que não se apaga, e impossibilita o "tudo escrever".

A partir dessa impossibilidade o "caso clínico tem uma função metafórica, ele na pior das hipóteses ilustra (alegoria) e no melhor sentido cria (metáfora) uma nova significação a partir de um processo transformativo. Desta forma outros podem reconhecer-se neste mesmo processo",[31] nesta literatura transviada que vagueia entre o romance, o conto, a autobiografia, mas principalmente por uma "literatura de convenção testemunhal".[32]

Procurando nomear o conjunto desses casos, me deparei com a palavra récit. Comum na literatura psicanalítica francesa quando se trata da escrita do caso clínico, tal palavra não pode ser traduzida simples e rapidamente por "narração", ao preço de que o texto fique sem sentido. Acontece que récit também carrega os significados de: *exposição* (dos fatos), *testemunho* (de algo, de um acontecimento), *narração, história e discurso*. Pareceu-me então que esses casos são um conjunto desses significados de récit: uma *exposição* do fato corrido – a construção de Belo Monte; o *testemunho da história* do impacto deste fato *narrado* dentro do *discurso* analítico, aqui entendido simplesmente como o discurso que se destaca por fazer ecoar a voz do sujeito escutado. Os casos de Altamira são uma síntese de tudo isso.

---

31 Dunker, 2011, p. 564.

32 Dunker, C., Paulon, C., & Milán-Ramos, J. G. (2016). *Análise psicanalítica de discursos: perspectivas lacanianas* (p. 227). Estação das Letras e Cores.

Certo é que récit é também um gênero literário – "forma curta de conto em que se narram situações cotidianas banais, mas com profundo poder transformativo nos personagens"[33] após um encontro com algo pequeno e inusitado, "a ideia é aproximativa, mas sugere que há algo entre o provérbio e o *récit*, potencialmente importante para a renovação das formas de construção de casos clínicos, inspiradas em Lacan".[34]

Depois de escrever essa primeira leitura dos casos, a questão que me coloquei foi: como fazer passar verticalmente alguns destes casos, mantendo a voz dos ribeirinhos preservada na escrita dos casos? A escrita do caso interpretou, no nível do significante, as marcas transformativas nessa população após a instalação de Belo Monte, estabelecendo entre discurso e história uma possibilidade de um registro descritivo da cultura material dessa população, por esse motivo, acredito que deve ser mantida e não reinterpretada ou super interpretada. Lembro que, como dito acima, a posição de passador não é a mesma do analista, este, sim, responsável pelas interpretações.

Apostei que a própria escrita do caso, decomposta e sublinhada, transmitiria tanto a condição de sofrimento psíquico dos ribeirinhos no momento da intervenção quanto a feitura de nosso trabalho junto a essa população. Essa aposta apoiou-se na aproximação que faz Freud entre "análise" de psicanálise e análise química; como nesta, a psicanálise buscaria dissecar, decompor elementos e fenômenos complexos – sintomas, sonhos, ideias obsessivas etc. – objetivando iluminar a sobredeterminação deles, sem, ponto importante, construir sínteses para os pacientes. Assim, desrespeitamos os textos, os quebramos e os interrompemos, sem considerar suas divisões sintáticas, retóricas ou mais comuns. Mas também os conectamos, pois a ideia da conexão é parceira da ideia dos fragmentos, desde

33 Ibid., p. 234.

34 Id., 2011, p. 575.

que lembremos que essa conexão não aponta para uma integração dos fragmentos, mas sim para um eco de novo sentido que uma conexão pode produzir.[35]

A escolha dos casos foi feita pela cartografia dos significantes do sofrimento colhida ainda na pesquisa de campo e confirmada nos atendimentos:

1. "perder a casa", mesmo e inclusive quando realocados, não havia lar possível para muitos ribeirinhos;
2. "sou um pescador sem rio", o rio orientava a pertinência da comunidade, dando-lhe, além de sustento, sua condição identitária; funcionando como Outro do saber também: "o rio é pai e mãe", disse-me um pescador;
3. "perdidos", em relação à origem e ao porvir, o sintoma de imobilidade, apontado acima, aqui faz sua ancoragem;
4. "a gente não sabia" faz referência aos termos de negociações que não eram claros para os ribeirinhos, não só pela assinatura de papéis que não sabiam o que continham, mas em função de não conhecerem os recursos de resistência e contestação que o Estado deveria lhes oferecer; "a gente não sabia" poderia ser completado por "a gente não sabia que junto viria tamanha destruição";
5. "violência", em sua expressão de medo que integrou as relações de vizinhança, que agora é desconhecida, já que acrescida da massa populacional advinda para a construção da barragem, os chamados *barrageiros*, foi um fator decisivo para o encurtamento das experiências comunitárias;

35 Braun, D., & Rebasa, S. (2013). *Cómo lee um psicoanalista: Sugestión, transferencia, interpretación*. Letra Viva.

6. "enganados/traídos", já que a promessa de progresso e bem-estar não só não chegou, como os "direitos" e todo o resto foram-lhes retirados;
7. "cansaço", depois de tantos anos de luta para impedir a construção da barragem, advém o sentimento de luta perdida, principalmente para os mais ativos nos movimentos sociais;
8. "adoecer", diretamente conectado com o desdobramento da modificação ambiental e das perdas consequentes desta.

Significantes que apontam como essa população, enquanto grupo de pessoas, compartilhou uma narrativa de sofrimento que dizia respeito ao acontecimento Belo Monte. Esse sofrimento é singularizado nos casos escritos de forma distinta em cada um segundo a posição do sujeito perante sua própria história de vida e essa singularidade propicia saídas mais ou menos eficazes do sofrimento.

Pelos significantes do sofrimento é possível ver como o impacto da construção da barragem se articulou a campos diversos: "perder a casa" afetou o funcionamento familiar (caso "Eu, nada"); "sou um pescador sem rio" impactou a própria possibilidade de subsistência do pescador (caso "Lembranças transformativas"); "perdidos" expôs o sujeito a situação de vulnerabilidade (caso "Só pra conversar?"); "a gente não sabia" redimensiona a esperança que se tinha no progresso (caso "A professora improvável"); "violência" reedita traumas passados de expulsão e convivência (caso "Expulsa, expulsa, expulsa"); "enganados/traídos" incidiu sobre a confiança do sujeito nas instituições e em pessoas que poderiam ampará-lo (caso "Uma vida risca outra"); "cansaço" acarretou questões de saúde geral e mental (caso "Encontrar-se no meio da luta"); e, por fim, "adoecer" nomeado e medicalizado nas chamadas depressões, problemas de pressão alta, transtornos do sono, deixaram ao corpo do sujeito a condição de doente ("Sonhos que curam").

Essa divisão não é perfeitamente delimitada, pois as distinções entre os casos não seguem uma linearidade estrita, assim a violência de perder a casa e se tornar um pescador sem rio gera um esgotamento físico e mental, chegando ao adoecimento, deixando o ribeirinho em situação de vulnerabilidade, presentifica-se em praticamente todos os casos. Assim, a cartografia diz respeito aos significantes do sofrimento utilizados pelos sujeitos e não apenas às vivências.

Agora podemos ir à escrita dos casos, que tiveram os nomes[36] dos atendidos e outros dados pessoais alterados em prol da elegância da discrição.

"A gente não sabia" ou a professora improvável

A seguir temos a escrita de um caso que atendi por duas vezes, à margem do rio Xingu, depois de 45 minutos de voadeira, rio acima. Toda uma família havia sido ali reassentada e esperava as madeiras para a finalização da construção da casa. A família estava alojada em três barracas de lona, uma dedicada à cozinha e as outras duas aos dormitórios. Nesta escrita, marco as intervenções que fiz e o seus possíveis efeitos:

Escuto uma moça nova, cerca de 20 anos, tem um menino de 3 anos, outro de 2 e uma menina de colo. *Castanheira vai contando sua história intrincada com o local onde viveu, como era ali antes, lê-se antes da barragem, a escola que estudou, o postinho de saúde e até o campo de futebol.* Tudo colocado abaixo pela possibilidade do

36 Os nomes reais foram substituídos por nomes de plantas da fauna amazônica, em sua maioria em extinção. Isso não sugere nenhuma relação direta com os nomes ribeirinhos, mas funciona como uma homenagem à origem dessas vozes, ao caráter coletivo delas e à antecedência histórica desses povos na região. Ademais, é um exercício de estilo que deforma a realidade descritiva sem perder a verdade na estrutura de ficção narrativa que a afeta.

alagamento. Sim, possibilidade, pois nem tudo alagou, mas sua história estava dentro da área de risco e então foi derrubada. Seus filhos brincam por ali e há muitas crianças nesse dia, umas oito. Correm de lá para cá, vão ao rio se banhar e nadar, os mais velhos cuidam dos mais novos. *Pergunto do que ela sentia falta em relação à cidade. Ela para um pouco, me olha, custa a responder e diz "energia". Sou pega de surpresa.* De tantas coisas que não havia ali, ela escolhe essa? E por que não? Ainda um pouco desconcertada, pergunto: "para quê?". Ela responde "pra assistir". Conta-me, então, quase envergonhada, *que era a favor da usina*, pois imaginava o progresso, talvez aquele mostrado nas novelas de TV, e o que viu foi "*só destruição, a gente não sabia*". Tentando resgatar um sujeito, *digo que a cada dia se pode fazer uma nova escolha.*

Ela tem um falar manso e *só uma preocupação: a escola das crianças.* Diz que a tia vai até Vitória do Xingu para arrumar um professor, mas que nada é certo ainda, já que não há escola construída. Alguns dias depois, estamos de volta e há ainda mais crianças, dez ao todo, que distraímos munidos de lápis, canetas e papéis. Desenho pipas para o filho da menina mulher de fala mansa. Castanheira está ali, um pouco mais distante, balançando a menor na rede. As crianças não dão sossego, perguntam, pedem que desenhemos coisas diversas, querem que escrevamos seus nomes nos desenhos. E nós a nos distrairmos com elas. A menina mulher nos olha de longe. Findo o atendimento e, em meio às despedidas, já na porta da casa acampamento, volto a cabeça para a menina, querendo me despedir. Ela está sentada na rede, tem um papel e uma caneta nas mãos, escreve macio e delicadamente. Acerco-me e me sento em um toco na sua frente. Sua letra é bonita, letra de professora, como se diz. *Pergunto da escola.* A tia não pôde ir ainda. *Insisto na pergunta sem resposta dela: como vão fazer com as crianças sem escola? Ela não sabe.*

Pergunto como era antes, quando não haviam construído a escola destruída. Era a alegria de esperar o professor chegar, com as letras e os cadernos, uma vez por semana, e o brincar de professorinha com seus irmãos mais novos, fazendo-os escrever e repetir as lições do professor. Será que ela não poderia fazer o mesmo agora? Nesse dia, ela tinha os olhos baixos todo tempo, mas nesse momento me olha arregalado, *com o espanto de quem encontrou algo que procurava em um lugar que não esperava. Castanheira responde que há bem pouco tempo, ainda na cidade, havia comprado um caderno para seu filho mais velho*, "desses de ligar os pontos, sabe? Para maneirar a mão", mostrando que ela sabia coisas sem saber. Digo que ela poderia começar alguma coisa até que o professor venha e que as crianças não podem esperar. *Ela, já professora, me ensina "sim, pois quando mais velhos têm vergonha de não saber ler e escrever fica mais difícil de aprender"*. Visando alguma passagem nessa imensa barragem, me despeço dizendo que comece pelos nomes de cada um.

Passo às frases destacadas:

"Castanheira vai contando sua história intrincada com o local onde viveu, como era ali antes, lê-se antes da barragem, a escola que estudou, o postinho de saúde e até o campo de futebol." A entrada do relato pela história do sujeito, que se apresenta à profissional da cidade grande pela via de seu território, sua infância e adolescência vividas nas margens do Xingu, mas também pelo corte temporal nesta história: um antes e um depois de Belo Monte.

"Pergunto do que ela sentia falta em relação à cidade. Ela para um pouco, me olha, custa a responder e diz 'energia'. Sou pega de surpresa." A surpresa, confessada, indica que a narrativa corrente sobre Belo Monte em que se apoiava o analista se quebrou ao ouvir o querer *daquela* ribeirinha – energia para assistir televisão. Momento de quebra do discurso de reivindicações coletivas dos ribeirinhos provocado pela escuta *de uma* ribeirinha, que coloca seu querer.

"Que era a favor da usina. 'Só destruição, a gente não sabia.' Digo que a cada dia se pode fazer uma nova escolha." A partir de seu querer, abre-se espaço para a colocação da posição do sujeito, em sua particularidade, em relação à construção da usina – ser a favor –, posição tomada na base do desconhecimento – *a gente não sabia da destruição*. Sem se localizar na particularidade de sua história, o sujeito não pode recuperar-se. A dimensão temporal volta a ser introduzida, mas desta vez pelas palavras do analista que apontam para o que já foi diferente e poderia vir a ser novamente.

"Só uma preocupação: a escola das crianças." Nesse ponto circunscreve-se a questão para o sujeito naquele momento. De tudo o que poderia preocupar uma mãe naquelas condições, ela elege a preocupação escolar.

"Pergunto da escola. Insisto na pergunta sem resposta dela: como vão fazer com as crianças sem escola? Ela não sabe. Pergunto como era antes, quando não haviam construído a escola destruída." Aproveitando do suposto saber depositado, o analista insiste na pergunta, redobrando-a e legitimando a preocupação daquela mãe. A aposta é que, supondo que fala para quem sabe sobre ele, o sujeito fale e possa, ao escutar-se, apropriar-se de seu discurso. Novamente a dimensão temporal é introduzida, apelando à rememoração em busca das saídas anteriores já experimentadas pelo sujeito, para que ache nelas, se houver, seu próprio saber.

"Era a alegria de esperar o professor chegar, com as letras e os cadernos, uma vez por semana e o brincar de professorinha com seus irmãos mais novos, fazendo-os escrever e repetir as lições do professor. Será que ela não poderia fazer o mesmo agora?" Sua resposta nos ajuda a entender sua questão com a escola, pois se é certo que muitas crianças, em algum momento, brincam de escolinha, é menos certo que todas ocupem o lugar de professora. A preocupação escolar

desta mãe gravita também em torno de sua vontade de ensinar, até aquele momento inconfessável.

"Com o espanto de quem encontrou algo que procurava em um lugar que não esperava. Castanheira responde que há bem pouco tempo, ainda na cidade, havia comprado um caderno para seu filho mais velho." Assim, ela formula, com espanto, sua própria resposta. Se ela adianta essa resposta-lembrança é porque a insistência na pergunta abriu caminho para alguma transformação: do "não há o que fazer" para "é possível fazer algo", caminho onde ela pode se colocar no discurso para além da espera assujeitada em que se encontrava.

"Ela, já professora, me ensina 'sim, pois que quando mais velhos têm vergonha de não saber ler e escrever fica mais difícil de aprender'." Desde esse outro lugar onde seria possível fazer algo, ela pode dar a conhecer o que sabe sobre aqueles que não aprendem a ler e escrever: a vergonha e a dificuldade que os acometem.

"Sou um pescador sem rio", ou lembranças transformativas

Este caso contou com três encontros, nos quais marido e mulher foram escutados juntos pelas *cuidantes* Noemi Bandeira e Erika Pellegrino. A escrita que se segue é resultado da passagem feita por Ilana Katz, Christian Dunker e Luciana Guarreschi:

Virola e Breu Sem-cheiro vivem no bairro há dez anos, bem antes dele se transformar num Reassentamento Urbano Coletivo (RUC). Formam um casal unido por uma história de luta, movimento e produção. Um amor declarado e convicto que acolheu os dez filhos dela, e os quatro filhos dele, originados em outros casamentos, além dos três outros que tiveram juntos.

Quando a mãe de Breu Sem-cheiro foi abandonada pelo pai, ele foi para o garimpo, tornando-se arrimo de família aos 12 anos de idade. Depois disso fez de tudo um pouco: caminhoneiro, agricultor, pedreiro e por último pescador, atividade que exerceu durante quinze anos: "*O rio é uma mãe de leite pra todo mundo, porque você pega o peixe, vende e compra o arroz, a farinha e tudo o que você precisar, não falta nada . . . Agora acabou tudo, mas não dá pra brigar com a empresa, porque a lei é deles, né? Eu não vou brigar contra o governo porque sou só uma gota d'água no meio do oceano*".

Quando Belo Monte chegou, se engajou no ofício de construção de casas para empresas responsáveis pela execução das condicionantes. Quando as construções terminaram, ficou sem emprego, sem rio e atropelado, literalmente.

O que o incomoda muito é a indefinição jurídica quanto à sua situação e seus direitos. *Entende que não pode mais ser pescador, porque não há mais peixes nem locais para pescar, mas não tem sua situação enquanto pescador reconhecida para que receba uma devida indenização em razão da perda desse modo de vida.* Daí vem uma preocupação em conseguir outros trabalhos e com isso entenderem que ele não é pescador, e negarem o que seria seu direito. *Pelo menos "se dissessem que ele não é reconhecido e não tem direito a nada, poderia seguir adiante". Essa situação dá uma sensação de não ter saída.*

Virola também está com problemas de saúde, acabava de voltar do hospital. Falta dinheiro para o exame e sem ele não tem diagnóstico, *assim foi enredada pela rede paralela de serviços médicos vendidos caro para as pessoas pobres, uma vez "que o serviço de saúde, que já não era bom, piorou muito por conta de toda essa gente que chegou na região"*. Ela estudou um pouco de agronomia e já foi cozinheira de garimpo, vendedora de roupas, dirigiu táxi voadeira e teve uma peixaria. Agora ninguém tem dinheiro e ela não tem mais para quem vender. *Encontramos Breu Sem-cheiro e Virola muito desanimados e "vivendo igual igreja: de doação".*

O lento transcurso das batalhas jurídicas, indenizações e recursos contra as companhias de energia e de seguro contrasta com o tempo da vida, que não espera, nem adia. Um "sem saída" que já se estende ao futuro: Breu Sem-cheiro fala da *BeloSun*, empresa canadense que "vai vir levar todos os minérios do Pará embora", que o governo não protege os mineradores locais e dificulta qualquer tipo de empreendedorismo local, mas facilita o dos estrangeiros, sem pensar a longo prazo: *"No futuro pior vai ficar, isso eu lhe garanto". Conclui que só se apegando com deus para vir destruir tudo e resolver, porque com o governo não tem como confiar.*

No segundo encontro, há uma mudança do tom pessimista da conversa anterior, e enquanto contavam suas histórias de forma cruzada, lembravam do que já haviam superado juntos e uma outra atmosfera foi tomando conta do relato. Eles eram sobreviventes do sistema. Enquanto reconstruíam sua história comum, eles iam se escutando, cada qual completando as situações de desespero e triunfo deixadas para trás. *Relembrando suas histórias de enfrentamento de dificuldades, foram gradualmente percebendo que não estavam totalmente submetidos ao processo de expropriação. Em seu lugar surgiu, inesperadamente, a comemoração de pequenas vitórias.*

Breu Sem-cheiro diz que não tem do que se queixar da vida, a não ser "a coisa de emprego", mas que tem muita gente pior: *"a vida tá difícil, mas que dá pra levar dá, vejo gente com menos do que aconteceu com a gente ficar doido, vai pra psiquiatria, tomar remédio controlado. Entre um benefício e a minha saúde, eu prefiro a minha saúde mil vezes".*

Virola se sente melhor, pois gosta muito de fazer esse tipo de trabalho social que fez e ainda faz no bairro, e quer voltar a estudar. Talvez arrumem um emprego com o vereador e assim seria possível cobrir as despesas da casa e pagar a faculdade, por isso já agendou a prova no curso de administração para a semana seguinte.

Na semana seguinte colocaram a casa à venda e ela já estava matriculada no curso que queria. *A fala basculou entre os dois encontros: no primeiro, um casal com dor e sem saída. No segundo, um casal muito conectado entre si e relembrando suas invenções e saídas ao longo da vida juntos. No terceiro encontro, a saída encontrada.* Menos dor no corpo, e já empregados com a ajuda de um vereador de Vitória do Xingu para quem trabalharam na campanha, colocaram a casa à venda. Ela já estava matriculada no curso que queria.

Destaco as seguintes construções:

"'*O rio é uma mãe de leite pra todo mundo, porque você pega o peixe, vende e compra o arroz, a farinha e tudo o que você precisar, não falta nada . . . Agora acabou tudo, mas não dá pra brigar com a empresa, porque a lei é deles, né? Eu não vou brigar contra o governo porque sou só uma gota d'água no meio do oceano*'." Após apresentação geral do casal, uma primeira fala do marido recortada pela *cuidante* demarca o acontecimento Belo Monte e seus efeitos na vida do "mundo" que precisa do rio e do coletivo de pescadores "que pega o peixe, vende e compra o arroz": o rio que tudo provia, tal como "mãe de leite para todo mundo", não pode prover mais nada para ninguém, "acabou tudo". Na frase seguinte o coletivo "todo mundo" se transforma no indivíduo que, como "uma gota d'água", minúsculo, não pode nada "no meio do oceano". Nessa passagem sobressai muito bem a lógica perversa a que foram submetidos os ribeirinhos e pescadores: muitos trabalharam para a empresa enquanto ela destruía o modo de vida deles e depois "a lei é deles" e eles não podem mais brigar com a empresa porque está *é* a lei, uma lei que não se aplica para aquele que a aplica, logo, um desmentido do "a lei é para todos".

"Entende que não pode mais ser pescador, porque não há mais peixes nem locais para pescar, mas não tem sua situação enquanto pescador reconhecida para que receba uma devida indenização em razão da perda desse modo de vida." Neste terceiro parágrafo, saímos do "mundo", do coletivo de pescadores, e chegamos ao incômodo *deste* pescador, "que não pode mais *ser* pescador", pois o que lhe fazia pescador era ter *peixes e locais para pescar*, sem os quais só lhe sobra a reinvindicação de reconhecimento jurídico-social, com a promessa de direitos garantidos, para que ele possa restituir seu *ser* de pescador, seu lugar social, perdido junto com o rio. Dois planos aqui se articulam – a demanda de reconhecimento ao social e a perda do ser – em torno do significante *devida*, utilizado nesta passagem: a indenização é *devida* ou *de vida*? Claramente os dois, mas o sujeito não parece saber disso.

"Pelo menos 'se dissessem que ele não é reconhecido e não tem direito a nada, poderia seguir adiante'. Essa situação dá uma sensação de não ter saída." Dado o impasse entre *devida* e *de vida*, a situação permanece sem saída. Interessante notar que este não poder "seguir adiante" parece se estender para os passadores, que o repetem em termos de "não ter saída" na frase seguinte. Não seria aqui necessária uma intervenção que pudesse apontar ao sujeito que para além do "se dissessem" ele poderia também "se dizer"? Fazendo incidir aí o retorno de suas próprias palavras: para se dizer pescador é preciso, também, ter um rio e peixe para pescar.

"Assim foi enredada pela rede paralela de serviços médicos vendidos caro para as pessoas pobres, uma vez que 'que o serviço de saúde, que já não era bom, piorou muito por conta de toda essa gente que chegou na região'." A esposa é apresentada *enredada pela rede* de serviços médicos privados, que passa a ter lugar nos vazios provocados pelo desmantelamento do Sistema Único de Saúde e pelo crescimento desenfreado que a monumental obra trouxe para

a cidade. Ficamos sabendo que ela já teve outros enredamentos: os estudos, as vendas, a vida, e não só a doença.

"Encontramos Breu Sem-cheiro e Virola muito desanimados e 'vivendo igual igreja: de doação'." O desânimo parece mesmo ser um afeto compatível a um modo de vida que acabou por se centrar unicamente na ação que vem do outro – doação, restituição etc.

"'No futuro pior vai ficar, isso eu lhe garanto'. Conclui que só se apegando com deus para vir destruir tudo e resolver, porque com o governo não tem como confiar." O apego e o apelo estão no Outro, ainda que este seja um deus destruidor. A resolução? Mais destruição, o que marcará um futuro ainda pior. O movimento do texto se mantém no "sem saída".

"No segundo encontro, há uma mudança do tom pessimista da conversa anterior, e enquanto contavam suas histórias de forma cruzada, lembravam do que já haviam superado juntos e uma outra atmosfera foi tomando conta do relato e relembrando suas histórias de enfrentamento de dificuldades foram gradualmente percebendo que não estavam totalmente submetidos ao processo de expropriação. Em seu lugar surgiu, inesperadamente, a comemoração de pequenas vitórias." Nada parece ter sido feito no primeiro encontro, os *cuidantes* não descrevem nada além da escuta das queixas do casal, centrada em sua situação atual, presente e sem saída para o futuro. No entanto, o que se descobre, em um segundo encontro, é que a saída se encontrava, em grande parte, no passado, que tomou "conta do relato" retirando-os de uma posição de "total submetimento" aos efeitos da instalação de Belo Monte. No meio da destruição, o inesperado: pequenas vitórias de vida a comemorar.

"'A vida tá difícil, mas que dá pra levar dá, vejo gente com menos do que aconteceu com a gente ficar doido, vai pra psiquiatria, tomar remédio controlado. Entre um benefício e a minha saúde, eu prefiro a minha saúde mil vezes'." O impasse de Breu Sem-cheiro avança

um passo: não mais a espera submetida pelo assentimento do outro jurídico-social, mas sua saúde mental. Entre a *devida* restituição pela perda de seu modo de vida, ele encontra sua saída *de vida*, "mil vezes". É impossível não lembrar do exemplo lacaniano sobre a alienação através da escolha "ou pela bolsa ou pela vida".[37] A escolha sendo pela bolsa, perdem-se tanto a bolsa quanto a vida. Já se a vida é escolhida, perde-se a bolsa e a vida segue decepada. Está claro que ele não poderá viver sem a bolsa benefício, mas a este *um* benefício ele escolheu *mil* saúdes.

"*A fala basculou entre os dois encontros: no primeiro, um casal com dor e sem saída. No segundo, um casal muito conectado entre si e relembrando suas invenções e saídas ao longo da vida juntos. No terceiro encontro, a saída encontrada.*" Não poderemos responder se o encontro dessa saída se deve ao efeito do encontro com o trabalho que o vereador ofereceu, *ou* com o encontro com o trabalho da Clínica do Cuidado, mas talvez seja possível dizer que *um encontro não foi sem o outro*. E mais ainda: que do ponto de vista da vida desse casal, não precisaríamos responder. No entanto, pensamos que os efeitos possíveis de nossa intervenção não foram, neste caso, sem as contingências dadas naquele momento.

"Perder a casa", ou eu, nada

O caso a seguir foi atendido duas vezes por Luciana Guarreschi. O texto que se segue é resultante da passagem de Ilana Katz e Christian Dunker.

Muitas vezes encontramos nos atendimentos apenas barragens, sem nenhuma passagem. Nada além de solidão e angústia. *Já em sua terceira moradia Amburana não achou* "lugar bom de casa ainda e,

---

37 Lacan, J. (1964/1998). *O seminário: livro 11: os quatro conceitos fundamentais da psicanálise*. Zahar. (Especificamente capítulos 16 e 17 e página 201).

se arrumo lugar no mato, levo todos de volta". Todos são a mulher e mais cinco filhos. A vida na cidade é "*aperreio*" e *nenhuma casa é boa na busca pelo lar que tinham cercado de um viver que não tem lugar longe do rio.*

Onde está a coragem? Essa que se diz que a vida exige da gente? O tempo da coragem foi esbaldado na seringa, nos gatos, no garimpo, na roça, no rio. De seringueiro, guardou o horror à escravidão ao dono do seringal, o barulho da floresta e o silêncio de estar sozinho. De ser caçador, a vivência alegre com os colegas e a venda fácil das peles. Do garimpo, a esperança do enriquecer. E por fim a coragem ainda deu força aos braços para roçar e pescar. Esse tempo se foi.

A cidade aperreia quando não pode dar o de comer para aquele que "*tem força para trabalhar ainda, mas não sabe lutar com alvenaria*" num lugar que "*tem gente sabida*", *sabida das letras e da leitura. Amburana está descrente de suas sabedorias, não lhe dão passagem na cidade, tamanho o abismo entre os mundos. Nesse outro país, sua língua materna não lhe socorre.* Plantou melancia no terreno ao lado e deliciou-se na espera de mais uma noite para colhê-las. Pela manhã, não havia uma. *Ele corta o pé de melancia, desgostoso. O abismo volta a se abrir, nada faz sentido. Na roça divide-se o que a terra trabalhada deu. E na cidade? Ele não sabe.*

A cidade "*aperreia*", o tempo não anda "*Um mês aqui é um ano para passar*". O tempo do e no rio é tempo da natureza, que tem seus reveses e caprichos, é certo, mas não falha para o de comer. O tempo da cidade é o tempo do homem. *Um tempo que tenta traduzir para sua língua, não encontra meios e como um louco corre de um lado para outro com papéis assinados e reconhecidos em cartórios. Sei que não me escuta... sua fala vai, volta, vai e revolta em torno dos doutores da cidade que o prometeram ajudar, mas sobram os papéis que não sabe ler, provações de seu desamparo, de sua origem, de suas vizinhanças.*

"*A gente achou que ia ter uma vida boa.*" Mas, quando até seus mortos sepultados foram submersos em água, a vida não há de ser boa para aqueles que não têm lugar, e pior para aqueles que o perderam subitamente.

O sustento vem agora da mulher, que passou a trabalhar fora. Os filhos, analfabetos como o pai, procuram um posto ou qualquer serviço na cidade de poucas oportunidades para os sem lugar. A renda total não dá para tantas bocas. "*Onde eu trabalho as coisas têm.*" *E aqui?* "A mulher que tá lutando para mim." *E o senhor?* "Eu? Nada." *Nonada.*

Para complementar a renda, conta com doações que possibilitam a sobrevida, mas não a recuperação da dignidade de homem. Velho, já não se segura mais e vai dando para a morte cada vez mais espaço. Com um "*negócio na próstata*", não tem medo da cirurgia, pois "quando *a doença vem pra matar não tem medo, quando não é de matar a gente tem.* E é por isso que boto fé é na morte. *Todo mundo que morre é gente, né não?*".

Amburana espera a morte para se tornar gente de novo.

Destaco as impossibilidades recolhidas neste caso:

"*Já em sua terceira moradia Amburana não achou* 'lugar bom de casa ainda e, se arrumo lugar no mato, levo todos de *volta' e nenhuma casa é boa na busca pelo lar que tinham cercado de um viver que não tem lugar longe do rio.*" Quantos nomes temos para casa em português? Moradia, casa, mato e lar aparecem aqui buscando diferenciar o que nas prerrogativas da instalação da UHE de Belo Monte foi propositalmente não diferenciado, como vimos na primeira parte deste livro. O que o início desse caso mostra é que restituir alguém com uma, duas ou três casas, não o fará, necessariamente, ter um lar, ainda mais se estas estiverem longe do que também propiciava a vida deste lar, no caso, o rio.

"Onde está a coragem?" E *"Esse tempo se foi"*. A *cuidante* convoca, como quem diz: e agora? Como o senhor fazia? Cadê a coragem? Temos notícias de uma vida trabalhada no que a oportunidade oferecia, e, junto com ela, um tempo que se foi, pois há tempo para recomeçar, não é em todo e qualquer tempo que um recomeço é possível. A idade avançada e o corpo doente podem impedir um recomeço.

"'Tem gente sabida', *sabida das letras e da leitura. Amburana está descrente de suas sabedorias, não lhe dão passagem na cidade, tamanho o abismo entre os mundos. Nesse outro país, sua língua materna não lhe socorre.*" Como se não bastasse a impossibilidade do tempo e da idade, seu saber de ribeirinho – feito de sabedorias –, não alcança o saber da cidade – feito de letras e conhecimento. São mundos diferentes, feito de saberes diferentes e entre eles uma distância que não pode ser atenuada pela língua materna, já que para Amburana a cidade é outro país, outra cultura, outra língua.

"Ele corta o pé de melancia, desgostoso. O abismo volta a se abrir, nada faz sentido. Na roça divide-se o que a terra trabalhada deu. E na cidade? Ele não sabe." No viver ribeirinho, há compartilhamento do roçado, da feitura da casa, da pesca, o que indica compartilhamento dos momentos de necessidade, quando um precisa contar com o outro. O ocorrido com o pé de melancia ensina que o viver da cidade e do rio são diferentes, mas qual a lógica desse novo viver? Para esse ribeirinho, naquele momento, lhe era impossível apreendê-la. Há aqui a dimensão de uma ruptura, que o corte do pé de melancia ilustra bem, seu repertório passado de vivência não lhe possibilitava apreender o impacto da mudança ocorrida, no momento de nossa intervenção.

"Um tempo que tenta traduzir para sua língua, não encontra meios e como um louco corre de um lado para outro com papéis assinados e reconhecidos em cartórios. Sei que não me escuta... sua fala vai, volta, vai e revolta em torno dos doutores da cidade que o prometeram ajudar, mas sobram os papéis que não sabe ler, provações

de seu desamparo, de sua origem, de suas vizinhanças." A revolta é justa, todo tipo de violência foi aplicado contra este ribeirinho, que estava localizado na primeira região a ser afetada pelas obras. No entanto, a revolta aqui é também uma re-volta, mais uma volta, pois não havia palavra ali que pudesse fazer um ponto e ressignificar o que havia sido dito antes. A *cuidante* entende que a língua é outra e sabe que, com o tempo contado da intervenção, pouco pode ser feito.

"*O sustento vem agora da mulher, que passou a trabalhar fora. Os filhos, analfabetos como o pai, procuram um posto ou qualquer serviço na cidade de poucas oportunidades para os sem lugar e E aqui?* 'A mulher que tá lutando para mim.'" *E o senhor?* "Eu? Nada." *Nonada.* O funcionamento familiar, bem estabelecido na vida no rio, é afetado. A mulher agora é quem sai para trabalhar, a ele sobra um *eu nada*. Para essa condição de dejeto, ele só vê saída na morte.

"*E é por isso que boto fé é na morte. Todo mundo que morre é gente, né não? Amburana espera a morte para se tornar gente de novo.*" A lógica aqui é bem precisa: se minha condição é de *eu nada* e todo aquele que morre é *gente*, a recuperação de minha condição de gente só pode passar pela morte, e por isso a esperança (*boto fé)* só pode estar a ela vinculada. Lógica necessária, se não passasse pela doença; se acabasse, como vimos em outros casos, apenas com a condição de assujeitamento, e se a vida seguisse decepada. Não parece ser o caso aqui.

"Enganado/traído", ou uma vida risca outra

O seguinte caso foi atendido duas vezes por Layla Gomes e Christian Dunker. O texto é resultado da passagem de Ilana Katz.

Teré, apesar da idade avançada, mora sozinho em um dos Reassentamentos Urbanos Coletivo de Altamira. Vivia numa ilha do

Xingu, vivia a rica vida ribeirinha da população tradicional e extrativista, com a esposa e os 10 filhos. *A esposa morreu vítima de um "derrame" causado pelo nervoso de ver sua ilha queimada, sem aviso prévio. Sem salvar nada. Nem barco, nem planta, nem bicho. Foi sua maior perda*, estavam casados há 45 anos.

Hoje, no RUC, seus sintomas insistem: *não consegue dormir, acorda à noite pensando, vem para a sala sozinho e assiste TV, "onde só passa bobagem". Fica acordado "para tirar o sentido"*. Tem dores de cabeça, pressão alta, visão turva, pressão no peito. Mas não toma "pílulas". Os médicos recomendaram, mas ele não toma. A esposa tomou, "não ajudou nada, ela morreu mesmo assim". *Sabe fazer canoa, gosta de mariscar, mas os amigos chamam e ele não vai. Os novos vizinhos, nunca se sabe, muitos se aproximam apenas por dinheiro, enganam. Tal qual o gerente de banco que o fez contrair uma dívida.*

Filho de seringueiro, de um homem que fazia previsões e previu também o fim de tudo na vida ribeirinha. *O que herdou do pai foi o saber sobre viver a vida ribeirinha e o nome. O nome é um nome de peixe que se esconde no pau de água* (espécie de tronco podre de árvore que servem de habitat para este tipo de peixe). *Uma vez ouviu do pai: uma vida risca a outra. Quis ler nisso "que na vida, seguro mesmo é ficar sozinho". É?*

Tinha uma história não contada e muito antiga que ainda ocupava seu corpo. Um dia Teré estava no seringal, buscando borracha para vender. *Naquele dia ele e seu amigo Maracujá-Azul desembarcaram com a carabina nas costas "ele foi na frente e de repente eu ouvi o barulho dos porcos correndo". Correu e encontrou o "corpo dele caído com um furo no olho e um rombo pela parte de trás do crânio"*. Ele sai correndo, vai para uma ilha, de lá dá um tiro de aviso e o pai chega com os outros. *A noite com uma luz de bateria na barcaça veem "um monte de Kaiapós chegando com bordunas, que pareciam um bando de queixadas, andando na água". Eles então atiram à vontade e "no dia seguinte 60 corpos de Kaiapós descem o rio". Uma vida risca a outra.*

Já faz tempo que uma vida risca a outra: primeiro, o gerente do banco o faz contrair uma dívida, um empréstimo que precisou pagar vendendo parte de suas terras. Depois teve rolo das casas, para sanar essa dívida, e uma sucessão de trocas que o levam até essa casa, no RUC, longe do rio. *Mas se uma vida risca a outra quem vai riscar a vida que a Usina tomou do senhor? Porque pelo que o senhor me disse sua mulher morreu de desgosto.*

Ele começa a lembrar das soluções à sua volta. Uma mulher ateia fogo à própria casa no RUC porque não recebia indenização, enganada pela NESA. O amigo do filho que tinha os amigos errados e foi assassinado por "200 conto e um cordão". O vizinho do lado que emprestou a casa para o outro e foi roubado por gente do RUC. *"Ficou tudo ilusionado, por isso ando sozinho. Não dá pra confiar em ninguém, tem muita história, por isso só ando só." O "uma vida risca a outra" foi assumindo o sentido da solidão.*

No segundo encontro, uma surpresa: Teré está mais alegre e o tema se centra ainda mais no problema de que não se deve confiar nas pessoas, principalmente naqueles que chegam como se fossem amigos. Mais ainda naqueles que são amigos de amigos. *Quando jovem, pensou que nessa idade de hoje viveria das "conquistações até ali com a família unida". Mas, hoje, dois de seus filhos não falam com ele, perdeu a companheira, perdeu a família unida. Fica sentido, é o termo que usa, é o sentido que tenta afastar na noite que não dorme. "Onde eu vim parar, que vida é essa que eu estou vivendo? Eu tinha companheira, os filhos juntos, os vizinhos, todo mundo se ajudava." Na vida contada pelos riscos e pelos enganos aparece pela primeira vez o sentido da companhia, uma vida risca a outra não só pelo ajuste de contas, mas porque isso também permitiu que ele se defendesse.*

Mas com tanta desconfiança, seu Teré, como é que o senhor nos abre as portas da sua casa, deixa a gente entrar, abre seu coração e confia na gente tanto assim?

"Mas vocês são diferentes, dá prá ver."

*Mas viemos aqui porque um amigo seu nos recomendou, e foi o que você disse que não se deve fazer, confiar em amigos de amigos. Eu acredito no que o senhor está dizendo que o senhor é como um peixe que fica dentro do pai de água**,[38] *ali sozinho sem ninguém pegar ele, mas aí que não encaixa com o que eu estou vendo, o senhor confiar na gente assim!*

Com jeito de elaboração, ele entende o documento que estamos preparando como a história que a gente vai contar até ali:

"Vocês vão escrever até aqui, e a gente continua a história aqui."

Passo ao destaque das seguintes construções:

"A esposa morreu vítima de um 'derrame' causado pelo 'nervoso' de ver sua ilha queimada, sem aviso prévio. Sem salvar nada. Nem barco, nem planta, nem bicho. Foi sua maior perda e não consegue dormir, acorda à noite pensando, vem para a sala sozinho e assiste TV, 'onde só passa bobagem'. Fica acordado para 'tirar o sentido'." Às perdas materiais deste ribeirinho acresce-se a perda maior, sua esposa. O resultado de tantas perdas e de um luto aparentemente não elaborado são os sintomas no corpo, a insônia e esse enigmático "*ficar acordado para tirar o sentido*".

"Sabe fazer canoa, gosta de mariscar, mas os amigos chamam ele não vai. Os novos vizinhos, nunca se sabe, muitos se aproximam apenas por dinheiro, enganam. Tal qual o gerente de banco que o fez contrair uma dívida." Nota-se que ele responde ao ocorrido se afastando dos que poderiam lhe devolver um pouco de vida, os

---

38 Lapso de escrita da palavra *pai*, em que se queria escrever *pau*.

amigos. E a resposta para esse afastamento está inscrito em sua história: fui enganado.

"O que herdou do pai foi o saber sobre viver a vida ribeirinha e o nome. O nome é um nome de peixe que se esconde no pau de água" e "Uma vez ouviu do pai: uma vida risca a outra. Quis ler nisso 'que na vida, seguro mesmo é ficar sozinho'. É?" Pelo escrito, o afastamento do outro procede não só de sua história com o gerente do banco, mas pelo nome que recebe do pai – um peixe que *se esconde* – e pela leitura que dá à frase paterna *uma vida risca a outra*, qual seja, *seguro é ficar sozinho.* Significação que parece apagar toda a vivência comunitária no rio, com mulher, filhos e demais ribeirinhos. A curta e precisa intervenção dos *cuidantes*: *É?* Buscar vacilar essa significação única, ao que é respondida por um luto também não muito elaborado.

"Naquele dia ele e seu amigo Maracujá-Azul desembarcaram com a carabina nas costas 'ele foi na frente e de repente eu ouvi o barulho dos porcos correndo'. Correu e encontrou o 'corpo dele caído com um furo no olho e um rombo pela parte de trás do crânio' e A noite com uma luz de bateria na barcaça veem 'um monte de Kaiapós chegando com bordunas, que pareciam um bando de queixadas, andando na água'. Eles então atiram à vontade e 'no dia seguinte 60 corpos de Kaiapós descem o rio'. Uma vida risca a outra." Sim, uma vida riscou a de tantas outras, mas não sem a ajuda dos companheiros e do pai. Como então sobrevém ainda a significação *seguro é ficar sozinho*? É essa pergunta sem resposta que os *cuidantes* insistem em recolocar a ele:

"Mas se uma vida risca a outra quem vai riscar a vida que a Usina tomou do senhor? Porque, pelo que o senhor me disse, sua mulher morreu de desgosto." A resposta vem em histórias que desembocam sempre na mesma significação:

"'Ficou tudo ilusionado, por isso ando sozinho. Não dá pra confiar em ninguém, tem muita história, por isso só ando só'. O 'uma vida risca a outra' foi assumindo o sentido da solidão." *Ilusionado* é uma dessas palavras estrangeiras que aprendemos por lá e, pelo que conseguimos entender, significa desiludido. Engano após engano, traição após traição, o resultado só poderia ser a perda da ilusão no companheirismo e a posição de ilusionado (aqui no sentido que se atribui no português – enganado), de que sozinho estará seguro.

"No segundo encontro, uma surpresa: Teré está mais alegre." Como vimos acontecer em diversos casos, de um primeiro para um segundo encontro, uma mudança de humor do escutado se presentificava. Aqui, como em outros casos, apostamos que separar os lutos, os enganos e as traições, ao contá-los para aqueles que insistem nas perguntas e não dão respostas prontas, teve como efeito, ainda que momentâneo, uma melhora visível na disposição daquele que escutávamos.

"Quando jovem, pensou que nessa idade de hoje viveria das 'conquistações até ali com a família unida'. Mas hoje, dois de seus filhos não falam com ele, perdeu a companheira, perdeu a família unida. Fica sentido, é o termo que usa, é o sentido que tenta afastar na noite que não dorme." A frase enigmática que acompanhava os sintomas de insônia, "*ficar acordado para tirar o sentido*", ganha um contorno: tirar o sentimento, tirar aquilo que o chateou, tirar aquilo que ele lamenta. A desilusão não mais com um outro que possa tê-lo enganado, mas com o que sonhou para sua vida na velhice e que não é mais possível.

"'Onde eu vim parar, que vida é essa que eu estou vivendo? Eu tinha companheira, os filhos juntos, os vizinhos, todo mundo se ajudava'. Na vida contada pelos riscos e pelos enganos aparece pela primeira vez o sentido da companhia, uma vida risca a outra não só pelo ajuste de contas, mas porque isso também permitiu que ele se defendesse." Seria dizer muito que a significação única *uma vida risca*

a outra, então seguro é andar só se deslocou a partir da constatação, propiciada pela escuta dos *cuidantes,* do impossível da realização do sonho de juventude – família unida no futuro, na sua velhice? Constatação que o leva ao tempo presente, indicado pelo gerúndio do verbo *viver*: *que vida é essa que estou vivendo?* Como resultado insere-se na narrativa algo que a significação única *seguro é andar só* ocultava: que, sim, *todo mundo se ajudava.*

"Mas viemos aqui porque um amigo seu nos recomendou, e foi o que você disse que não se deve fazer, confiar em amigos de amigos. Eu acredito no que o senhor está dizendo que o senhor é como um peixe que fica dentro do pai de água, ali sozinho sem ninguém pegar ele, mas aí que não encaixa com o que eu estou vendo, o senhor confiar na gente assim!" Os *cuidantes* oferecem ainda uma contraprova: veja *estamos aqui porque um amigo o recomendou,* logo, há amigos que são passíveis de confiança. Mais que isso, o lapso de escrita *pai*, onde se queria escrever *pau,* mantido pela passadora Ilana Katz, revela a posição do sujeito no inconsciente: colado à interpretação que fez dos ditos paternos, ao seu nome de peixe escondido, ainda que isso não se *encaixe* no que *está sendo visto,* na confiança depositada nos *cuidantes.*

"'Vocês vão escrever até aqui, e a gente continua a história aqui'." Aqui marco apenas o *a gente*: não mais o *só, sozinho,* mas a possibilidade de continuar a história com mais de um.

"Cansaço", ou encontrar-se no meio da luta

Cumata foi atendida duas vezes pelas *cuidantes* Vivian Karina da Silva e Ana Carolina Perrela. O texto que se segue é resultado da passagem de Ilana Katz, Christian Dunker e Luciana Guarreschi.

Nasceu perto de uma aldeia Kayapó, vivia no rio e no mato com sua mãe e os irmãos. Quando os pais se separaram, Cumata mudou com a mãe para Vitória do Xingu. *Era muita escassez, faltava roupa, material de escola, tinha bem pouca comida, mas a mãe de Cumata virou merendeira de escola, o que fez com que os filhos estudassem. Foi ali que inventou o gosto pelo estudo e atentou para as injustiças. Não é por menos que o discurso de si estava muito misturado com o discurso da militância, mas com o espaço da associação livre surge a rica possibilidade de trazer à tona o que é singular – o dito que é somente da pele dela.*

Na escola, teve o dia que não pôde participar da quadrilha de São João porque não tinha a roupa adequada para dançar. *Observou de longe seus colegas dançando. Foi a primeira vez que sentiu na pele os efeitos da desigualdade, da injustiça, de estar excluída. Ao narrar essa cena, seus olhos se enchem de lágrimas e suas mãos tentam conter o choro. O silêncio habita aquele espaço por alguns segundos.* A vida de Cumata é traçada no gosto pelo estudo e na revolta pelas desigualdades sociais. *E pelo que acontece quando se apaixona.*

Aos 16, teve o primeiro filho, sozinha. Mudou para a cidade do pai. Voltou a estudar, mas precisou interromper o sonho de novo. Apaixonou-se, engravidou, e de novo ficou sozinha com o filho. Veio para Altamira e aqui fez rede, no Baixão mesmo, onde o esgoto a céu aberto pode unir pessoas. Mobilizou moradores do bairro, fez pedidos à prefeitura em nome de todos, procurou a imprensa, "se não é todo mundo junto, não temos força! Não podemos aceitar essa situação, entende?". Também teve paixão no Baixão e de novo sozinha ficou.

Uma hora a solidão acabou, Cumata encontrou esse que há doze anos cuida dela, dos outros dois filhos que fizeram juntos, e dos três que ela trouxe. Ele até gostaria que ela ficasse mais em casa com os filhos, mas ela já não pode recuar da luta, "fui criada para cuidar da casa, dos irmãos e para ser uma pessoa inferior ao homem, uma vida sempre submissa. *Mas hoje não quero viver só para servir o marido,* também quero fazer isso, como mãe e mulher, preciso lutar pelo que é meu, pelo que é dessa comunidade". Militante ativa, *junto das* "mulheres de saiona, aquelas que andam de saia bem comprida e que são lideranças locais", fez curso de alfabetização para adultos, ensinou a ler e escrever, tornou-se conselheira tutelar para proteger as crianças.

"Me apaixonei pelo Movimento dos Atingidos por Barragens. Comecei a me aprofundar mais, a estudar e a querer contribuir cada vez mais. Queria que outras pessoas participassem." *Aqui a paixão não a deixa só.* No estudo da história dos movimentos sociais, percebeu que tudo que estava escrito nos livros estava ali, bem em frente dos seus olhos. E isso lhe dava uma "*visão política das coisas*".

Quando chegou a Belo Monte foi só tristeza. Desconfiou muito rapidamente da promessa que a Norte Energia fazia aos moradores do Baixão. Quando saíram do Baixão para o RUC onde estavam seus vizinhos? A rede que os sustentava? Além da dificuldade de acessar os serviços públicos em seu bairro, naquela época, trabalhava ainda no Conselho Tutelar e a dinâmica de trabalho se intensificava cada vez mais, em função do aumento das demandas sociais, exigindo dela maior disponibilidade de tempo e até mesmo um maior envolvimento. *Sentiu-se tão desamparada pelo Estado, sobrecarregada e esgotada diante das diversas atribuições e responsabilidades, que decidiu entregar seus filhos para a mãe tomar conta até o momento em que conseguisse se reestruturar.* Conseguiu e foi buscar os filhos.

Agora é a presidenta da Associação de Moradores do RUC, onde mora, e a linha de ação é fazer comunidade, não só um apanhado de gente desconhecida morando junto. *No ano passado fizeram festa junina. Nesta noite, Cumata não ficou de fora.*

Para dentro da escola quer voltar também, saiu da escola seis meses antes de terminar o Ensino Médio. Fez-se silêncio, a frase ecoou, "*ando pensando em voltar a estudar*". *Esse parece ter sido o uso do encontro com a Clínica do Cuidado: achar no discurso da luta os termos que falam de si.*

Destaco as seguintes construções:

"Era muita escassez, faltava roupa, material de escola, tinha bem pouca comida, mas a mãe de Cumata virou merendeira de escola, o que fez com que os filhos estudassem. Foi ali que inventou o gosto pelo estudo e atentou para as injustiças." Como não é incomum, o sujeito começa sua narrativa pelo que pode fazer com a falta, ou o pouco, que precedeu seu nascimento. O gosto pelo estudo e a consequente atenção às injustiças faz aqui sua ancoragem. Essa âncora, contingencial, marcará as saídas desse sujeito para as futuras situações de falta.

"Não é por menos que o discurso de si estava muito misturado com o discurso da militância, mas com o espaço da associação livre surge a rica possibilidade de trazer à tona o que é singular – o dito que é somente da pele dela." As analistas notam o quanto se pode usar o discurso da militância para falar de si, sem que se saiba disso. Como dito, havíamos observado que a adesão a um discurso de militância, baseada nos direitos e na defesa de um contrato justo, na reivindicação de ressarcimentos financeiros, teve grande peso na produção de uma identidade coletiva para estas pessoas (neste caso, como *mulheres de saiona*, ver abaixo). Esse parece ser o caso aqui. No entanto, as *cuidantes* notam também que o espaço aberto pela associação livre pode trazer a história singular dessa ribeirinha, ou seja, quais foram as marcas dessa história que possibilitaram a ancoragem, o engate neste discurso de militância.

"Observou de longe seus colegas dançando. Foi a primeira vez que sentiu na pele os efeitos da desigualdade, da injustiça, de estar excluída. Ao narrar essa cena, seus olhos se enchem de lágrimas e suas mãos tentam conter o choro. O silêncio habita aquele espaço por alguns segundos." A cena-lembrança, carregada de afeto, encontra na escuta dos *cuidantes* a chance de se expressar.

"E pelo que acontece quando se apaixona. Aos 16, teve o primeiro filho, sozinha. Mudou para a cidade do pai. Voltou a estudar, mas precisou interromper o sonho de novo. Apaixonou-se, engravidou, e de novo ficou sozinha com o filho." Excluída e sem par para dançar, a cena é repetida inúmeras vezes nos seus encontros amorosos.

"Veio para Altamira e aqui fez rede, no Baixão mesmo, onde o esgoto a céu aberto pode unir pessoas. Mobilizou moradores do bairro, fez pedidos à prefeitura em nome de todos, procurou a imprensa, 'se não é todo mundo junto, não temos força! Não podemos aceitar essa situação, entende?'." O *sozinha* encontra saídas: *fazer rede, pedir em nome de todos* e no *todo mundo junto*. A falta do saneamento básico, o que cheira mal, a escassez não apenas exclui, mas também une.

"Uma hora a solidão acabou" e "'*Mas, hoje não quero viver só para servir o marido,* também quero fazer isso, como mãe e mulher, preciso lutar pelo que é meu, pelo que é dessa comunidade'". O encontro com o par amoroso não apaga a posição significante com que esta ribeirinha vai à luta: *como mãe e mulher*. Perante outras ofertas identificatórias disponíveis, por exemplo, cidadã, moradora de Altamira, brasileira, atingida etc., faz do significante "*como mãe e mulher*" seu lugar subjetivado de ir à luta.

"Junto das 'mulheres de saiona, aquelas que andam de saia bem comprida e que são lideranças locais'." As *mulheres de saiona* parecem ser a identidade coletiva na qual Cumata se apoia para escapar ao destino da festa junina: não ter par para dançar, ou ainda o da criação: ser submissa a um homem.

"'Me apaixonei pelo Movimento dos Atingidos por Barragens. Comecei a me aprofundar mais, a estudar e a querer contribuir cada vez mais. Queria que outras pessoas participassem'. *Aqui a paixão não a deixa só.*" A paixão por se apaixonar continua, mas agora encontra ancoragem no desejo de contribuir mais, tipo de paixão, como bem marcaram as *cuidantes*, que não a deixa só.

"Quando chegou a Belo Monte foi só tristeza. Quando saíram do Baixão para o RUC onde estavam seus vizinhos? A rede que os sustentava?" E *"Sentiu-se tão desamparada pelo Estado, sobrecarregada e esgotada diante das diversas atribuições e responsabilidades, que decidiu entregar seus filhos para a mãe tomar conta até o momento em que conseguisse se reestruturar"*. A chegada a Belo Monte a separa de sua rede de sustentação criada pela luta social empreendida ao longo dos anos. Neste momento, o sujeito poderia ali estacionar no desamparo, já que o Outro não está lá, nem em forma de Estado, nem em forma de rede de proteção. Não foi o caso de Cumata: a imobilidade – sintoma de muitos neste momento – não teve lugar aqui. Suspeitamos que pelo fato de que, justamente neste momento, ela aceita perder mais um pouco – *entrega seus filhos para a mãe cuidar* – e segue, ainda que *esgotada*, apaixonada pela luta, sabedora de que, atenta ao movimento de seu desejo *querer contribuir cada vez mais*, a vida poderia se reestruturar.

"No ano passado fizeram festa junina. Nesta noite, Cumata não ficou de fora" e *"Esse parece ter sido o uso do encontro com a Clínica do Cuidado: achar no discurso da luta os termos que falam de si."* A ribeirinha excluída da festa da infância fez no novo bairro uma comunidade para dançar. O tempo mítico da infância encontra o tempo atual. Os *cuidantes*? apostam que nos dois encontros que tiveram o discurso de luta também se teceu com os termos próprios à história desta ribeirinha, ou assim testemunharam.

"Violência", ou expulsa, expulsa, expulsa

Esse caso contou com quatro encontros feitos pela dupla Maíra Brum e Flavia Ribeiro, e o resultado da passagem é de Ilana Katz, Christian Dunker e Luciana Guarreschi

Uma casa bem difícil de achar. Rua 4, 19. É na região da Paixão de Cristo. Os números da rua eram todos desencontrados, pulavam do 33 para o 736 e depois voltava para o 8. *Também não tinha lados para par e ímpar na rua ou qualquer lógica possível para encontrar a casa.* Uma casa muito caprichada, cheia de plantas e de artesanato, *num bairro nada hospitaleiro, com "gente que não é daqui". Estão lá há dois anos.*

Procurávamos o Genro, que estava ali esperando. Mas foi ela quem falou. Se fez contar então por seu sofrimento diante da família mesmo: genro, filhos, netos escutavam a história numa fala cheia de poesia. *Ela conta da injustiça produzida na expulsão de sua ilha, da casa azul que ela mesmo fez, e que ela mesma desfez tábua por tábua antes da NESA derrubar.* Diz de um paraíso perdido. Do fogão barro que ela mesma fez, das noites em torno do preparo da farinha.

Quando a NESA lhe perguntou pelo valor de suas plantas, que enchiam a casa azul, *ela respondeu "não plantei pra vender, não tem preço".* Conta seu adoecer: *hipertensa desde a saída da ilha, sente fadiga. A médica cubana, em Altamira, disse que ela precisava de psicólogo e ela entendeu bem que sua doença era a tristeza constante. Descreve a violência que viveu, diz da sua posição perante essa violência: é preciso manter a família unida, manter a família unida, amar a todos, manter a família unida manterafamíliaunida. Amém senhor Jesus! A igreja evangélica assim ensinou.* Tudo isso no primeiro encontro.

Mas acontece que ser expulsa pra Ela não era a primeira vez, e a história não começava com a NESA. Sozinha, no segundo encontro, pôs os pingos nos is e a boca no trombone, "a Morte Energia e a minha sogra pra mim são a mesma coisa". Justo ela, que sempre quis ter uma sogra! Quando ela foi viver com o marido para finalmente ter uma sogra e a família paraíso, encontrou uma mulher malvada, que mantinha o marido na condição de filho obediente, trabalhador da sua ilha.

Na ladainha da mulher vitimada vai fazendo buracos na sua fala. E para explicar suas incoerências, marcadas pelos *cuidantes*?, se deixa dizer da expulsão primeira. Antes de tudo, ela vivia com os pais, e *aos 13 anos se apaixonou, engravidou, foi expulsa de casa. Que mãe amorosa que nada! Que família unida e exemplar que nada! O paraíso virou inferno…*

Aos 20 foi viver com o marido de agora, quando o filho da primeira relação tinha 9 anos, porque era o que era preciso fazer. Ele aceitou o menino, que queria como filho. Mas a sogra não. Ela já chegou "a puta" ali. *E ficou, ficou demandando o amor da sogra porque queria ser uma filha pra ela. E suportou e inventou seu silêncio porque queria amor, "eu só queria reconhecimento"*, o marido era secundário.

Depois a Morte Energia ainda lhe roubou um filho seu por 6 anos, alegando que ele não podia ser criado por "uma puta", e bateu muitas vezes e forte em todos os seus outros filhos. *A sogra lhe fez bater em outro filho, e ela obedeceu. Ela passou fome ali, plantava, mas não podia comer à vontade.* Desde lá sofre desse jeito em silêncio, fazendo ver, mas sem dizer.

Expulsa tantas vezes, agora não quer mais voltar para a ilha, que ademais diminuiu de tamanho, a mesma ilha que dizia, no início, ser paraíso e glória, não lhe deixa esquecer os maus-tratos. *Depois de cada encontro precisava ficar um tempo deitada no sofá sentindo-se estranha, com uma espécie de cansaço, embora depois se sentisse revigorada, "parece que lembrar faz mal para depois fazer bem, quando eu falo essas coisas de mim que eu nunca tinha contado antes, eu ouço de mim".*

O marido e os filhos já estavam construindo a casa, porque já tinham conseguido retornar ao reservatório, para a mesma ilha da qual foram expulsos, porque não tinha submergido por completo. Mas, naquela casa, da sogra, não queria mais viver não. E por isso escolheu não visitar a terra reconquistada. *Ela escolheu a cidade, "para lá não volto", prefere dormir no bairro com estranhos, do que com o mal conhecido.* No final diz que o que aprendeu que tem que lembrar e falar.

Passo à leitura do caso:

"Também não tinha lados para par e ímpar na rua ou qualquer lógica possível para encontrar a casa" e "num bairro nada hospitaleiro com 'gente que não é daqui'. Estão lá há dois anos." O crescimento desordenado da cidade, com a chegada *de gente que não é de lá,* se apresenta na busca de uma casa. O sentimento que advém ao não encontrar uma casa, momentâneo para os cuidantes, parecia ser a vivência diária de muitos ribeirinhos após a instalação de Belo Monte. Qual a lógica possível para esse deslocamento forçado? A vizinhança, antes hospitaleira, típica do modo de vida ribeirinho, inspira agora desconfiança. Dois anos parecem não ter sido suficiente para fazer laços comunitários.

"Ela conta da injustiça produzida na expulsão de sua ilha, da casa azul que ela mesmo fez, e que ela mesma desfez tábua por tábua antes da NESA derrubar." E "Quando a NESA lhe perguntou pelo valor de suas plantas, ela respondeu 'não plantei pra vender, não tem preço'." Encontramos, no primeiro atendimento clínico, a necessidade de explicitar a injustiça da expulsão, os detalhes que tocou mais profundamente cada um: aqui faz diferença o cuidado com as plantas, como mostrou a descrição da casa atual. A resposta da ribeirinha à Norte Energia SA desvela a situação de negociação a que foram expostos os ribeirinhos: tudo se resolveria com o pagamento, ainda que mínimo, dos bens. Pedindo o preço do objeto "plantas", a NESA ignorava que o cuidado com as plantas de uma casa não é precificável, pelo simples fato de não estar à venda.

"Hipertensa desde a saída da ilha, sente fadiga. A médica cubana, em Altamira, disse que ela precisava de psicólogo e ela entendeu bem que sua doença era a tristeza constante." A hipertensão passou a ser um diagnóstico comum na região após a instalação da UHE. No entanto, aqui a médica vai além de uma causa puramente biológica, fazendo um encaminhamento psicológico, provocando na paciente um entendimento sobre o que a adoecia: a tristeza.

"Diz da sua posição perante essa violência: é preciso manter a família unida, manter a família unida, amar a todos, manter a família unida manterafamíliaunida. Amém senhor Jesus! A igreja evangélica assim ensinou." A repetição da posição encontrada pela ribeirinha é transcrita ao texto e a cola das palavras escritas pela *cuidante* parece advir da injunção religiosa "amar a todos", prescrição que deixa pouco espaço aos sentimentos ambivalentes do sujeito, ao mesmo tempo que é a própria constatação da existência deles.

"Mas acontece que expulsa pra Ela não era a primeira vez, e a história não começava com a NESA. Sozinha, no segundo encontro, pões os pingos nos is e a boca no trombone 'a Morte Energia e a minha sogra pra mim são a mesma coisa'." Uma vez sozinha com os cuidantes, urge pôr a "boca no trombone" e a história da expulsão da ilha ganha aportes do passado com a paridade das figuras "Morte Energia" e "minha sogra". Morte Energia é como os ribeirinhos apelidaram a empresa Norte Energia, meio criativo de identificar a empresa de acordo a peculiaridade que se destaca desta, trocadilho que explicita seu valor específico: o de trazer a morte da energia. Quando Freud[39] trata dos chistes, ele diz que há um mecanismo de prazer envolvido nos chistes e que nos jogos de palavras há a acentuação das consonâncias das palavras, mais do que no sentido, embora o sentido advindo da consonância burla, quando este é

39 Freud, S. (1905/2017). O chiste e sua relação com o inconsciente. In *Obras Completas* (Vol. 7). Companhia das Letras.

bem-sucedido, o interdito, provocando suspensão do interdito, ainda que momentaneamente.

"Na ladainha da mulher vitimada vai fazendo buracos na sua fala" e *"aos 13 anos se apaixonou, engravidou, foi expulsa de casa. Que mãe amorosa que nada! Que família unida e exemplar que nada! O paraíso virou inferno..."* Acha-se nos buracos da fala um passado que não passou: fui expulsa aos 13 anos. É neste passado vívido que a injunção religiosa "amar a todos", "manter a família unida" faz sua morada, como a única defesa que o sujeito pode encontrar. Bom, isso pode bem enganar alguns, mas há coisas que os analistas devem saber, e uma delas é que não há paraíso, ou ainda, que ele ganha sua força e existência ao ser "perdido". O paraíso virou inferno, porque afinal nunca foi só paraíso, o bom exemplo que ela se esforçava em mostrar perdeu sua força nos buracos abertos, pelos clínicos, em sua fala.

"E ficou, ficou demandando o amor da sogra porque queria ser uma filha pra ela. E suportou e inventou seu silêncio porque queria amor, 'eu só queria reconhecimento'." A sogra não era apenas a Morte Energia, mas também encarnava uma segunda mãe por quem queria ser amada, para quem ela se doou esmerando-se em ser uma boa filha, diferente daquela que foi expulsa aos 13 anos por estar grávida.

"Depois a Morte Energia ainda lhe roubou um filho seu por 6 anos" e *"A sogra lhe fez bater em outro filho, e ela obedeceu. Ela passou fome ali, plantava, mas não podia comer à vontade."* Desejando reconhecimento na tentativa de restaurar o circuito dos intercâmbios simbólicos, sempre ameaçados pela ruptura do passado presentificado, toda sorte de renúncias, de sacrifícios e de doações lhe pareceu ser possível. A estratégia não resulta no amor esperado, mas sim no fortalecimento do lugar deste Outro mortífero, ao qual o sujeito permanece submetido.

"Depois de cada encontro precisava ficar um tempo deitada no sofá sentindo-se estranha, com uma espécie de cansaço, embora depois se sentisse revigorada 'parece que lembrar faz mal para depois fazer bem, quando eu falo essas coisas de mim que eu nunca tinha contado antes, eu ouço de mim'." Recorto esse trecho pela incidência da percepção da ribeirinha sobre os efeitos no corpo logo após os encontros e pelo que ela extrai de saber após o trabalho feito com os *cuidantes*. O trabalho toca o corpo, que passa do cansaço ao vigor, e disso é possível extrair duas asserções articuladas: lembrar faz mal para depois fazer bem e isso se dá pelo que se pode ouvir de si de coisas nunca ditas. Saber analítico que vemos se transmitir em ato.

"Ela escolheu a cidade, 'para lá não volto', prefere dormir no bairro com estranhos a dormir com o mal conhecido." Na cartografia dos casos, a violência expressava o medo de estar em vizinhança com aqueles tidos como desconhecidos, o que de fato era patente em muitos casos atendidos, cujos acontecimentos de roubo, assaltos e desentendimentos diversos empobreciam as trocas comunitárias. No entanto, a escolha por este caso se deu na medida em que nele o estranho poderia ser mais acolhedor do que o mal familiar, mostrando que as relações entre o estranho e o familiar são complexas e passam pela história de cada sujeito.

"Adoecer", ou sonhos que curam

O caso abaixo foi atendido em três encontros, por Erika Pellegrino e Noemi Bandeira, e o resultado da passagem é de Ilana Katz, Christian Dunker e Luciana Guarreschi.

Ipê Roxo mora em uma região de difícil acesso em Altamira. *Entre ruas de terra mal sinalizadas, sem nome, sem vizinhos para perguntar, com comércios trancados por barras de ferro nas portas e janelas*. Depois de muitos desencontros chegamos em uma palhoça, com vasto quintal, ladeado por plantas ornamentais impecavelmente cuidadas. Ficamos nas cadeiras da varandinha porque lá dentro é muito quente. Dá para ver a cozinha impecável, uma pilha de panelas areadas, brilhantíssima e perfeitamente ordenadas. Os meninos, dois cachorros e o marido zanzam por perto enquanto falamos. Fazem um ou outro comentário, mas logo vão embora, como que a respeitar aquela súbita intimidade criada com aqueles estranhos.

Ipê Roxo é uma mulher triste, de expressão carregada, que chora muito e se arrasta desde que teve que sair de sua ilha. A causa da expulsão é incompreensível. "A Norte Energia desaquietou a gente por um nada. Já tinha energia elétrica aqui, para quê mais?"

A indenização é pouca e demorada. Com a saída da ilha, a família vive junto com os outros refugiados de Belo Monte. Não pescam mais. Não tem mais roçado. "Agora temos que comprar comida pronta."

Além disso, *suprema humilhação para um ribeirinho: pedir água* aos vizinhos desconhecidos, "não sei bem o que elas querem, essa gente é estranha…". *Quando vieram para esse bairro não havia água encanada ainda*, o marido teve que abrir um poço, mas a coisa segue incompreensível. *Chora e sente fraqueza, mas o pior é a "falta de energia"*. Antes era uma mulher produtiva, que acordava e buscava seu café da manhã na roça enquanto o marido pescava o almoço. *Agora está de* "bateria arriada" *o tempo todo*. Tremedeira, pressão alta e remédio controlado a levam constantemente ao UPA para tomar calmantes.

Apesar de tudo, desde que o marido trouxe umas mudas de plantas lá da ilha, ela se sente melhor, conversa com as plantas, explica que ali é diferente, mas que vão ser bem cuidadas neste quintal muito vivo. Está até ensinando o segredo das plantas para biólogos que começaram a frequentar o lugar ao perceber sua sabedoria nativa sobre as plantas. Perceberam também a sua depressão e nos ajudaram a encontrá-la.

Ela confessa que não era assim desconfiada. Mas depois de ter sido enganada uma vez, pela Norte Energia, todo vizinho lhe parece suspeito. Na conversa ela ia lembrando que aquela não foi a primeira perda que passou na vida. Perdeu uma filha de 6 anos para a malária, depois *perdeu o filho primogênito para o câncer de estômago, e essa a leva ao choro forte. Ninguém a convence que ele teria sobrevivido se não tivesse deixado a casa materna para viver com uma moça que nem cozinhar sabia.* Não comemora mais o aniversário do marido, porque pensa no filho. Odeia o Dia das Mães, porque pensa no filho. Não ouve mais música, que era o que ele mais gostava na vida: "alegria para mim serve de tristeza". *Foi favorecida no sorteio e obteve autorização a ser uma das primeiras a regressar a ilha. Mas agora não consegue. No caminho começa a lembrar do filho, passa muito mal e tem que voltar.*

Dois lutos encadeados e infinitos: o da ilha e o do filho. A família não consegue suportar a dor e tudo o que se relacionava com o filho foi escondido, não falam sobre ele, não falam da vida de antes. *No final da conversa, reconhece que fez tudo o que podia para salvar a vida de seu filho e que ele soube disso antes de morrer.* "Ele viu o esforço que nós fizemos."

No espaço de uma semana, entre nossos encontros, *ela sonha com dois acontecimentos. No primeiro:* "Ganhava uma filha linda, recém-nascida, que lhe dizia: se beleza fosse tudo eu estava milionária". Conta meio indignada, pois a esta altura não quer saber de bebê nenhum para cuidar. *Ela associa que antes, nos tempos mais antigos, ter filhos era visto como riqueza. Mas ela olha para a criança, no sonho, e diz:* "Até andar, vai dar muito trabalho".

Ela falava muito de sua nova ilha – (f)ilha –, mas não conseguia ir até lá, o sonho parece ter feito esse trabalho. O conteúdo foi associado ao fato de ser uma recém-nascida, que lhe daria muito trabalho até se tornar um lugar habitável e com a riqueza que possuía a ilha anterior. Seria preciso tempo e um trabalho de reconstrução da vida de ribeirinha que ela possuía antes.

O segundo sonho é decisivo. Seu filho reaparece. Ele está bonito e falante: "Está tudo bem aqui, mãe. Você é que precisa seguir sua vida".

Os sonhos têm um efeito transformador em Ipê Roxo: tira as fotos do filho da gaveta, procura vizinhos, faz amizades novas. Deu as roupas do filho morto para outro filho usar no trabalho e decidiu que quando cair o próximo Bolsa Família vai comprar gasolina para visitar a "Nossa Terra", *sua (f)ilha. Diz que escutou da netinha:* "Vó, a senhora parou de chorar?"

Depois de tudo o que ela nos contou sobre essas transformações, ficamos mudas. Seu rosto, antes, semblante da dor, tinha agora um sorriso largo. Para encerrar, ela ainda nos deixa com esta: "*Antes, eu achava que todo mundo aqui era estranho. Mas, só era estranho, porque EU era estranha com eles. Estranha era eu!*".

Passo às construções:

"Entre ruas de terra mal sinalizadas, sem nome, sem vizinhos para perguntar, com comércios trancados por barras de ferro nas portas e janelas e Quando vieram para esse bairro não havia água encanada ainda" e ""não sei bem o que elas querem, essa gente é estranha…"". Faço esses recortes na medida em que demonstram a maneira como a estruturação dos Reassentamentos Urbanos Coletivos foi precária e feita às pressas, não se sabe se é um bairro que está sendo desconstruído ou construído. Aliás, a utilização da palavra "bairro" só pode ser obra da dificuldade, ao qual não-todos estamos sujeitos, em escutar como foi nomeado esses aglomerados humanos: *reassentamento*, palavra importante do léxico destinado aos refugiados, que designa a transferência de refugiados de um

país anfitrião para outro Estado que concordou em admiti-los e, em última instância, conceder-lhes assentamento permanente. De qualquer maneira, o sentimento de insegurança levou à colocação de grades por toda a parte, dando a impressão que o perigo ronda a cada esquina. Acrescento o fato, mais de uma vez repisado aqui, de que os ribeirinhos foram relocados distantes de seus vizinhos de sempre, desarticulando-os em suas redes de apoio.

"Ipê Roxo é uma mulher triste, de expressão carregada, que chora muito e se arrasta desde que teve que sair de sua ilha. A causa da expulsão é incompreensível. 'A Norte Energia desaquietou a gente por um nada. Já tinha energia elétrica aqui, para quê mais?'" *e* "*Não pescam mais. Não tem mais roçado.* 'Agora temos que comprar comida pronta.'" *E "suprema humilhação para um ribeirinho: pedir água"*. A causa da expulsão da ilha continua, ainda que já tivessem se passado dois anos, incompreendida: para que mais energia elétrica? Esse "nada" ao qual se refere a ribeirinha retirou-lhe a pesca, o roçado e a água, introduzindo um verbo de pouco uso diário entre os ribeirinhos: comprar. Não à toa nos perguntava uma outra ribeirinha: como vocês fazem para usar dinheiro todo dia?

"Chora e sente fraqueza, mas o pior é a 'falta de energia'" e "*Agora está de* 'bateria arriada' *o tempo todo.*" A incompreensão da causa da expulsão gera sintomas de cansaço, cuja nomeação "falta de energia" e "bateria arriada" se liga ao que entendemos ser uma resposta ao empuxo "mais energia" proveniente do projeto Belo Monte.

"Perdeu o filho primogênito para o câncer de estômago, e essa a leva ao choro forte. Ninguém a convence que ele teria sobrevivido se não tivesse deixado a casa materna para viver com uma moça que nem cozinhar sabia." E "'alegria para mim serve de tristeza'. *Foi favorecida no sorteio e obteve autorização a ser uma das primeiras a regressar à ilha. Mas agora não consegue. No caminho começa a lembrar do filho, passa muito mal e tem que voltar.*" Nos encadeamentos de

suas perdas, a do filho primogênito ocupa um lugar central. A não aceitação dessa perda fica patente na esperança de que haveria algo a ser feito, que era uma morte evitável, ele poderia estar vivo, bastava estar com a mãe. Entrevemos assim, além do sofrimento pelo luto não elaborado, o sentimento de culpa comumente encontrado naqueles que perdem um ente querido. Quando a vida do filho querido não pode continuar, ato contínuo, a da mãe também se estanca, ela não pode recuperar sua ilha, pois o filho, à ilha ligado pelas lembranças, é irrecuperável.

"*No final da conversa, reconhece que fez tudo o que podia para salvar a vida de seu filho e que ele soube disso antes de morrer.* 'Ele viu o esforço que nós fizemos'." Entendemos que o reconhecimento desse esforço para salvar o filho, dito no final do primeiro encontro aos clínicos, participou do alívio dos sintomas, constatados posteriormente, além de possibilitar os sonhos que se seguiram.

"*Ela sonha com dois acontecimentos. No primeiro:* 'Ganhava uma filha linda, recém-nascida, que lhe dizia: se beleza fosse tudo eu estava milionária' e "*Ela associa que antes, nos tempos mais antigos, ter filhos era visto como riqueza. Mas ela olha para a criança, no sonho, e diz:* 'Até andar, vai dar muito trabalho'." Chamo atenção aqui para a escrita da cuidante: "ela sonha com dois acontecimentos", e me pergunto quando um sonho pode ser um acontecimento. As associações recortadas pela *cuidante*, que versam sobre a (f)ilha, nos indicam que "o sonho parece ter feito esse trabalho", o trabalho de ter ido até a ilha, de ter entrevisto que será necessário esforço para ter a riqueza do lugar de outrora.

"*O segundo sonho é decisivo. Seu filho reaparece. Ele está bonito e falante:* 'Está tudo bem aqui, mãe. Você é que precisa seguir sua vida'. *Os sonhos têm um efeito transformador em Ipê Roxo: tira as fotos do filho da gaveta, procura vizinhos, faz amizades novas. Deu as roupas do filho morto para outro filho usar no trabalho e decidiu que quando cair o próximo Bolsa Família vai comprar gasolina para visitar a* 'Nossa Terra', *sua (f)ilha. Diz que escutou da netinha:* 'Vó, a senhora parou de chorar?'" Autorizada por seu filho, no sonho, a seguir a vida, ela obedece. Frente ao "até andar vai dar trabalho" do primeiro sonho, ela escuta do segundo sonho: "levanta e anda-te, sua vida deve seguir", e o efeito transformador do sonho não passa despercebido pela neta.

"Perdidos", ou só pra conversar?

Dona Coeruela foi atendida por duas vezes por Flávia Gleich e Erika Pellegrino, em um povoado na movimentada Transamazônica, a uma hora de distância de Altamira. A passagem que se segue é de Ilana Katz, Christian Dunker e Luciana Guarreschi.

"Mas vocês vieram de tão longe só pra conversar?"

É assim que Dona Coeruela nos recebe. Percebemos na porta de entrada, escritos a caneta colorida, dois números de telefone, o dela mesma e o da Clínica do Cuidado. Logo se esforça para colocar um pedaço de bolo de fubá e um café sobre a mesa. Abre a geladeira para pegar água. De cá avistamos o cenário vazio. Nada além da garrafa de água. Mas o quintal é grande e a horta parece bem cuidada. Três mulheres entravam e saíam da casa, passando roupa, lavando a louça, arrumando a cama e observando a conversa. Dona Coeruela deita na rede:

"Tá vendo? É assim que acontece. Do nada vem uma fraqueza nas pernas, parece que eu vou cair. Tenho que deitar."

A "zonzeira" veio depois de Belo Monte, anda esquecida, se perde na cidade. Não sabe o que será daqueles que tinham a vida ligada ao rio, mas que não moravam lá e por isso não tem direito a indenização, "estamos todos parados e o rio agora é só banzeiro". A zonzeira traz a sensação de choque no topo da cabeça. "Deve ser a pressão alta." Depois vem as dores pelo corpo. *Dores que andam*. Dores que começaram na mão. Mostra a mão:

"Fiz cinco cirurgias. Mas essa cicatriz aqui ó foi obra do meu ex-marido."

Pensamos em violência doméstica, mas demorou para entender que, ainda mais, era uma espécie de violência da presença. Ele estava ali ainda, "rastejando pelo quintal". Com a situação dos reassentamentos, a escassez de moradia, eles tiveram que voltar a morar juntos.

"Quando ele fala comigo parece que dá um choque pelo corpo, revira o estômago."

Já teve um marido que batia e bebia, este não. Este falava. Do marido antigo, a filha tinha ido salvá-la, mas agora deste, como fazer? O médico não explica o que ela tem e manda voltar ao hospital quando se sente mal.

Logo que começa a falar sobre Belo Monte sofre um ataque e tem que ser levada para o hospital. Nós vamos junto. Lá mesmo, depois de medicada para o súbito aumento de pressão arterial, *ela chora de alívio por ter falado de seu sofrimento para aqueles estrangeiros, porque é "muito desconstrangido falar da sua vida para os outros"*. Gostava que não fôssemos dali e nem faríamos parte de sua vida. Assim ela podia falar à vontade.

No segundo encontro estava melhor. Os vizinhos haviam notado a presença dos forasteiros que vieram fazer uma visita para ela. *Tendo acompanhado as tratativas de remoção para o hospital percebemos o empenho da vizinhança e o respeito que tinham com Dona Coeruela. Lhe indicamos isso, mas ela parece estranhar o comentário. No entanto, logo em seguida lembrou de diversas atividades prazerosas, em outros tempos, em outras cidades. Junto com as equipes de saúde locais faziam grupos de caminhada, de costura, de cozinha, de pescaria.*

"Mas aqui neste fim de mundo não tem ninguém que saiba organizar este tipo de coisa."

Será mesmo? Precisa só ser boa de conversa.

Silêncio.

"Taí uma boa ideia."

Hora de encerrar a conversa. Tempos depois recebemos um recado do André Nader, responsável pela organização da logística de atendimentos. Uma pergunta. Se tínhamos telefone celular, porque ela queria nos avisar se a ideia tinha dado certo.

Passo aos fragmentos do caso:

"Mas vocês vieram de tão longe só pra conversar?" A pergunta poderia ser tomada apenas como um convite de aproximação, se não fosse a presença do *mas* e do *só*, indicando necessariamente um "e o que mais querem aqui?". Os *cuidantes* começam por aqui aí e essa pergunta-convite ambígua é escutada e atravessa o caso e cria nexo entre os fragmentos. Não é preciso muito mais que isso para começar a falar: querer saber o que outro quer de mim, não antes de alguma mostração:

"Tá vendo? É assim que acontece. Do nada vem uma fraqueza nas pernas, parece que eu vou cair. Tenho que deitar." É preciso que se veja e que essa visão não assuste aquele convidado a olhar. De qualquer maneira, as palavras comparecem:

"A 'zonzeira' veio depois de Belo Monte, anda esquecida, se perde na cidade. Não sabe o que será daqueles que tinham a vida ligada ao rio, mas que não moravam lá e por isso não tem direito a indenização, 'estamos todos parados e o rio agora é só banzeiro'." Mais uma

vez temos um sintoma físico associado à chegada de Belo Monstro, chegada monstruosa que deixa tudo zonzo, em que as coordenadas de vida se perderam, não se sabe mais sobre o futuro sem o rio, que é só banzeiro. Banzeiro é outra palavra que aprendemos por lá e que, segundo Eliane Brum: "Não há sinônimos para banzeiro. Nem tradução. Banzeiro é aquele que é. E só é onde é". Mas ela é insistente e tenta uma tradução: "banzeiro é como o povo do Xingu chama o território de brabeza do rio. É onde com sorte se pode passar, com azar não. É um lugar de perigo entre o de onde se veio e o aonde se quer chegar".[40]

"Dores que andam." Dentro de seu próprio banzeiro, Dona Coeruela não pode andar, está imóvel, entre o de onde se veio e o aonde se quer chegar, mas suas dores andam. Como não raro os analistas costumam dizer: o sintoma atrapalha a vida do paciente, mas, para quem sabe ler ele, também é signo do caminho que o sujeito deve seguir e é, nesse sentido, sua própria salvação.

"Logo que começa a falar sobre Belo Monte sofre um ataque e tem que ser levada para o hospital. Nós vamos junto." Nenhuma mostração é sem efeitos, ela nunca pode ser tomada como um embuste, mas antes como a única maneira de que tem o sujeito de dizer algo. O imprevisto faz parte desses encontros, em que uma crise hipertensiva pode se precipitar pela carga emocional evocada com as lembranças e no choque de escutá-las ainda vivas.

"Ela chora de alívio por ter falado de seu sofrimento para aqueles estrangeiros, porque é 'muito desconstrangido falar da sua vida para os outros'." À carga seguiu-se a descarga do choro, que ela conecta à presença dos estrangeiros, a quem pode falar des-contrangindo, essa

40 Brum, E. (2021). *Banzeiro òkòtó: uma viagem à Amazônia Centro do Mundo* (p. 5). Companhia das Letras.

conexão feita por Coeruela parece ser o que faz com que o trabalho siga e um segundo encontro seja possível.

"No segundo encontro estava melhor" e *"Tendo acompanhado as tratativas de remoção para o hospital percebemos o empenho da vizinhança e o respeito que tinham com Dona Coeruela. Lhe indicamos isso, mas ela parece estranhar o comentário."* A descarga emocional acolhida pelos que são de fora estabelece uma melhora na ribeirinha, que desconhece seu lugar privilegiado entre seus novos vizinhos. Estranha seu lugar, mas responde ao estranhamento a partir de uma lembrança:

"Logo em seguida lembrou de diversas atividades prazerosas, em outros tempos, em outras cidades. Junto com as equipes de saúde locais faziam grupos de caminhada, de costura, de cozinha, de pescaria." Lembrança que a empurra ao movimento em direção ao outro, à procura de um Outro que saiba: *"Mas aqui neste fim de mundo não tem ninguém que saiba organizar este tipo de coisa"*.

"Será mesmo? Precisa só ser boa de conversa." A pergunta-convite ambígua do início retorna ligeiramente alterada, o *só* não indica "algo a mais", uma intenção oculta do Outro, mas antes "algo a menos", no sentido de "pouca coisa". Alteração esta que coloca o desejo para o lado de Dona Coeruela e não mais para o lado do ouvinte. Além disso, a experiência com os clínicos pode ter lhe conferido a ideia de que uma conversa pode ser só uma boa conversa.

"'Taí uma boa ideia'" e *"Hora de encerrar a conversa."* Ideia acatada, aos cuidantes restavam encerrar, pois uma boa conversa é também aquela que tem fim.

4. Combinação do universal e do único: o paradigma como método criado do hiato

Um refugiado pode ser qualquer um. Pode ser você ou eu. A chamada crise de refugiados é uma crise humana.

Ai Weiwei, artista plástico chinês, frase estampada na exposição Raiz. São Paulo, 2018-2019

Volto agora às questões colocadas acerca da imobilidade como própria da dimensão dos refugiados que não encontram novos lugares, simbólicos e físicos, colocadas páginas acima. A ideia é fazer do "refugiado em seu próprio país" a figura paradigmática do acontecimento Belo Monte a partir do significante representativo "imobilidade", do "não ter para onde ir", que aparece transversalmente nos casos, ainda que singularizado no um-a-um. Traço que questiona e aclara as configurações sociais contemporâneas e extrai da figura "*refugiado em seu próprio país*" um paradigma do acontecimento presente e atual no mundo.

Agamben, desde *A comunidade que vem*, preocupa-se em estabelecer articulações entre o indivíduo e a coletividade, entre o que é próprio e o que é comum para definir a "comunidade que vem". Seu interesse era contribuir para o debate sobre uma comunidade política possível, cujo pertencimento não fosse determinado por critérios normativos que a reduzissem a uma coleção de indivíduos separados.[1]

Nesse livro de capítulos curtos, Agamben relê uma gama de conceitos e discute com Jean-Luc Nancy, Heidegger, Benjamin, Kafka, entre outros, sobre questões políticas, éticas, linguísticas e filosóficas. Em seu estilo aforístico, logo na primeira frase do livro, nos é dado a conhecer sua visada: "o ser que vem é o ser qualquer". O acento aqui deve recair sobre o *qualquer*, maneira astuta de Agamben de driblar uma designação tanto individual quanto universal do ser que vem. Sendo *qualquer*, entendido não como

> *A singularidade na sua indiferença em relação a propriedade comum (a um conceito, por exemplo: o ser vermelho, francês, muçulmano), mas apenas no seu ser tal como é. Com isso, a singularidade se desvincula do falso dilema que obriga o conhecimento a escolher entre a inefabilidade do indivíduo e a inteligibilidade do universal.*[2]

O agrupamento de elementos objetivando um universal é sempre dado pelas propriedades comuns que definem o pertencimento a esse grupo e pela exclusão das diferenças particulares, assim "universal e particular relacionam antinomicamente – para o universal

---

1 Ver Favaretto, C. M. R. (2013). O futuro anterior: Giorgio Agamben e o método paradigmático. *Cadernos de Ética e Filosofia*, *2*(23), 109-125.

2 Agamben, G. (2013). *A comunidade que vem* (p. 10). Autêntica.

ter consistência o particular é posto de lado".[3] Em Agamben essa antinomia tem sua origem na própria linguagem, pois "a classe de todas as classes que não pertencem a si mesma é a língua",[4] dado que, ao chamarmos algo de "papel", o singular concreto dessa coisa se tornará um membro de uma classe geral definida pela propriedade tida em comum, postulando o próprio significado universal a despeito dos "papéis" particulares e indescritíveis.

Assim, se para Agamben a língua é a classe de todas as classes que não pertencem a si mesma, o ser linguístico, *o ser-dito*, como ele o nomeia, também é uma classe que pertence e, ao mesmo tempo, não pertence a si mesma, o que marcaria o lugar paradoxal do ser linguístico. O ser-dito é, então, um conjunto que é, a um só tempo, uma singularidade, mas cujo sentido, definido pela propriedade comum ao pertencimento àquele conjunto, "não pode de modo algum preencher o hiato no qual só o artigo consegue se mover com desenvoltura".[5] Em nosso caso, o conjunto ser-dito ribeirinho, que é, a um só tempo, uma particularidade indeterminada – *o* ribeirinho, *um* ribeirinho, *este* ribeirinho – cujo sentido é dado pela propriedade comum ao pertencimento – viver no e do rio –, não conseguiria preencher o *hiato* presente na diferença entre a particularidade de *um* ribeirinho, a singularidade deste ribeirinho e o que o faz universal sob condições específicas de produção e movimento do conceito.

É nesse *hiato* que Agamben introduz um conceito que escaparia à antinomia entre o universal e o particular, o exemplo. O que o caracteriza é ser uma singularidade entre outras, sendo, de um lado, um caso particular real e, por outro lado, inválido na sua

---

3 Nader, A. (2017). *Entre a negação do manicômio e a afirmação de um modelo comunitário: fabricando formas de luta* (p. 27) [Dissertação de mestrado]. Universidade de São Paulo.

4 Ibid., p. 17.

5 Ibid., p. 18.

particularidade. Como escreve Agamben: "nem particular nem universal, o exemplo é um objeto singular que, por assim dizer, se dá a ver como tal, *mostra* sua singularidade".[6] O exemplo não seria definido por nenhuma propriedade, exceto pelo seu *ser-dito*, ou seja, justamente aquilo que o faz participar do universal sendo um caso particular real.

Assim, não é o ser-ribeirinho que está em jogo, mas o *ser-dito ribeirinho* é o que define um exemplo, pois funda o pertencimento, mas também pode colocá-lo em questão. Nesse momento do livro, Agamben sublinha a importância do termo grego que designa exemplo: *paradeigma* – que voltará a trabalhar mais densamente dezoito anos depois em *Signatura rerum* – como "aquilo que se mostra ao lado", ao lado de si mesmo, "no espaço vazio em que se desdobra a sua vida inqualificável e inesquecível",[7] que é a vida puramente linguística. Fácil nos é perceber a semelhança deste pressuposto com a constituição do sujeito tal como colocada na psicanálise lacaniana, que, por consequência da incidência da linguagem, não pode aceder a ser representado total e convergentemente em nenhuma classe, em nenhum significante, mas que ao mesmo tempo se desloca representado por cada um deles. Este parece ser o singular ao qual se dedica Lacan: a experiência do inconsciente, a excentricidade, a divisão e a dimensão pulsional do sujeito, bem como sua recusa em tomar o sujeito na perspectiva do particular.[8]

É perceptível que Agamben se distancia de uma tradição científica positivista em que relatos de experimentos e estudos de casos são utilizados "como exemplo", para deles retirar uma lei universal, indo da regularidade particular para uma generalização indutiva;

6 Ibid.

7 Ibid.

8 Ver Tatit, I. (2016). *A noção de singularidade na psicanálise lacaniana: aspectos teóricos, clínicos e sociais* [Tese de doutorado]. Universidade de São Paulo.

e mesmo de seu contrário, partindo dos universais e, por dedução, inferir compreensão e participação nos particulares. Nas ciências duras essa lógica prova sua eficácia na maior parte do tempo, mas não ocorre o mesmo com as ciências humanas. Nelas a correlação entre universal e particular é dubitável, pois reduz-se o espectro complexo e diversificado da vida humana constrangendo-a a um universal que, se por um lado ilumina alguns aspectos, por outro oculta seu modo de criá-lo, qual seja, extirpando-se o particular. Ao particularizar ao máximo, cuidando apenas do caso a caso, passa-se ao contrário, extirpa-se a possibilidade de extrair um universal.

Tentando romper essa racionalidade dicotômica, o autor atenua a oposição destes dois termos, universal e particular, fazendo-os passar, ao modo de uma banda de Moebius,[9] à impossibilidade de representá-los como espaços antagônicos. Exemplifica essa passagem através de algumas ideias, retenho aqui duas delas: a primeira delas é o rosto humano, que não é "nem o individualizar-se de uma *facies* genérica nem o universalizar-se de traços singulares: é um rosto qualquer". A segunda é o que ele chama de linha de escritura, onde o "*ductus* [o número de traços que compõe uma letra escrita] da mão passa continuamente da forma comum das letras [logo, universais] aos traços particulares que indicam sua presença singular".[10] A ideia da linha de escritura indica que, *em nenhum ponto*, se pode localizar uma fronteira fixa e real entre esses dois espaços, à primeira vista, antagônicos e separados. Para dizer de maneira

---

9 André Nader (2017) também chega à figura da banda em suas considerações sobre essa passagem em Agamben. A banda de Moebius é uma figura topológica, largamente utilizada por Lacan, cuja estrutura espacial de superfície é infinita e figura a impossibilidade de representar o dentro e fora como espaços antagônicos, embora uma torção na banda produza a ilusão de que ela teria estes dois lados.

10 Ibid., pp. 27-28.

simples, com o escritor português Miguel Torga,[11] "o universal é o local sem os muros".

Deste modo, frente à ideia de divisão entre universal e particular, Agamben propõe a indivisibilidade combinando universal e particular em uma singularidade produtora de comuns, que o exemplo vem dar mostras. Ele está enfrentando, dessa maneira, o problema clássico da dialética, recusando a solução corrente da conjunção aditiva das propriedades comuns, por meio do processo conhecido como *Aufhebung* (negação com conservação).

André Nader propõe que a utilização de mecanismos diversos na narração de um caso clínico determina efeitos que:

1. reforçam a universalidade do caso, exibindo-o como um *caso exemplar*;
2. incitam uma particularidade única, geralmente nomeada de *exemplo ímpar* ou *caso único*;
3. primam por mostrar sua singularidade, procurando acentuar as diferentes forças e as potências comuns que a compõem e produzem.

Quanto a esse procedimento, baseado nas proposições agambenianas sobre a singularidade do exemplo, Nader nomeou esse formato de *exemplo qualquer.*

Essa singularidade é partidária da lógica da não universalização, contida nos desenvolvimentos da obra lacaniana, e se dá no jogo de negação e afirmação entre o universal e o particular. Na verdade Lacan retém o conceito de universal conferindo-lhe outro sentido, não trivial, mas análogo ao da orientação da pesquisa de Agamben:

---

11 Miguel Torga, escritor português, em fala a ele atribuída no Rio de Janeiro, em agosto de 1954.

> *Estendendo este processo, nasce a fórmula, minha, de que não há universal que não deva ser constituído por uma existência que o negue . . . Não há universal, portanto, que não se reduza ao possível. Nem mesmo a morte, já que essa é a ironia como que só ela se articula.*[12] *. . . É a partir daí que nos convém obter dois universais, dois* todos *suficientemente coerentes para separar os falantes.*[13]

Ela não é uma singularidade essencialista e individualista, pois não está livre das determinações do Outro, dos elementos comuns de um determinado contexto. É, antes de tudo, uma singularidade em potência, aposta ética feita pelo psicanalista na dimensão pulsional do sujeito, ressaltando o que não passa totalmente à significação, o que torna exequível a fabricação de novos significantes e outras significações.

Acreditamos que os casos narrados nos capítulos anteriores poderiam ser assim tomados: como *exemplos quaisquer*. Eles portam o acontecimento que a todos atingiu – a construção de Belo Monte, com seus *elementos comuns* dentro de um mesmo contexto histórico e político – combinado ao *recorte particular de cada caso* que primou por evidenciar as forças que fundaram seu possível pertencimento a este "todos atingiu" e que criou a suplência identitária "somos atingidos", mas que também colocaram-na em questão a partir do traçado significante singular de cada caso na subjetivação deste acontecimento, distanciando-o deste pertencimento *ao mesmo tempo que singularizou seu lugar de pertença nesse mesmo coletivo.*

Avancemos, pois, como dito no início deste capítulo, nos utilizaremos novamente de Agamben para extrair da figura "*refugiado*

12 Lacan, J. (1973). O Aturdito (p. 450). In *Outros Escritos*. Zahar.

13 Ibid., p. 455.

em seu próprio país" um paradigma do acontecimento presente e atual no mundo.

Ultrapassando a contagem do um-a-um: a figura do refugiado em seu próprio país

Continuamos frente ao problema clássico da epistemologia, qual seja: como fazer uma amostra. Mais especificamente: como fazer uma amostra desses casos tendo por base a psicanálise, edifício teórico que nasce da investigação dos "embaraços a que se vê submetido ao ser que explora o mundo através de um aparelhamento psíquico fundado nas possibilidades e equívocos da linguagem", ser que sabemos "irrepetível, sempre aquém e além das fronteiras das classes".[14]

Dada essa base, não nos pareceu útil partir do procedimento de dedução – que parte de princípios gerais pré-formatados e recai sobre os traços particulares; nem do movimento oposto, a indução – começando pelos traços particulares, monta-se uma amostra para que se possa extrair os princípios genéricos que a governa. A essa dicotomia respondemos com a combinação do universal com o único (*einziger*) e o singular (*Einzeln*) na forma de *exemplos quaisquer*. No entanto, como ultrapassar a contagem do um-a-um, e mesmo dos *exemplos quaisquer,* nos casos de Altamira? A ideia a ser defendida aqui é que o caso Altamira revelou uma *figura* paradigmática da atualidade, qual seja, a do "refugiado em seu próprio país", encarnada, em Altamira, na massa de ribeirinhos expulsos de suas casas em função do que chamamos "empuxo ao progresso",

14 Carvalho, S. (2020). O caso paradigmático e a nosologia estrutural (p. 47). In A. Teixeira, & M. Rosa (Orgs.), *Psicopatologia lacaniana* (Vol. 2, Nosologia).

prática colonialista secular na Região Amazônica, perpetrada pelo Estado e por sua ultrapassada ideologia de modernização.

Essa ideia apareceu nas discussões com Ilana Katz em torno desta figura paradoxal – como pode-se ser refugiado em seu próprio país? – e na lembrança de uma fala constante dos pesquisadores e estudiosos dos acontecimentos de Altamira, com quem tivemos contato ao longo da pesquisa, que dizia mais ou menos assim: "aqui acontece primeiro, já vai chegar no Sul". O que aconteceria primeiro nos confins da Amazônia e que depois se alastraria? A resposta também veio em forma de lembrança. Lembramos que, em 2015, data em que começa o alagamento das ilhas do Xingu pela instalação da UHE, o antropólogo Viveiros de Castro, em uma só frase, condensando axiomaticamente o que estamos tentando cernir aqui, disse: "Altamira é o centro do Mundo",[15] colocando assim, simplesmente, o que seria os confins da Amazônia como centro do mundo.

Mas o que isso quer dizer? Viveiros de Castro, numa conversa entre amigos, sintetizou aí a série traumática e repetitiva de violências – que conduz à produção de comunidades empobrecidas, desvinculadas de seus modos de vida, que habitam as periferias de cidades, as encostas dos morros, os reassentamentos feitos às pressas – na tese de que naquele território reúnem-se as forças e potências universais de nossa experiência contemporânea de mundo. Em Altamira, estão presentes e em funcionamento diferentes modelos de desenvolvimento e de modos de vida, e a tensão entre esses modos – que concorrem no mesmo tempo e no mesmo espaço – fabrica o acontecimento daquele território, mas também o acontecimento presente e atual no mundo, essa a ideia a ser defendida.

15 Dunker, C., & Katz, I. (2020). Clínica do Cuidado: estrangeiridade, estrangeiro e estranhamento. *Caliban – Revista Latinoamericana de Psicoanálisis*, *18*(1).

A exemplo de Agamben, comecemos então pela definição grega do termo paradigma: *paradeigma* – padrão, exemplo, amostra; *paradeiknumi* – exibir, representar, expor; a disjunção *para* – ao lado, para além; *deiknumi* – mostrar, destacar. Esta decomposição busca esclarecer que o "paradigma nunca é já dado, mas se gera e produz mediante um 'pôr ao lado', um 'juntar' e, sobretudo, um 'mostrar' e um 'expor'".[16] Destacamos o fato de que um paradigma nunca é dado, mas gerado e produzido por operações de *disjunção* e *junção*, destinadas a mostrar e expor.

Nas primeiras páginas de *Signatura Rerum*, o autor responde a críticas que tomaram seus trabalhos anteriores como teses de cunho puramente historiográfico, reafirmando que as *figuras*, o termo é dele, ali tratadas – o *homo sacer* e o muçulmano, o estado de exceção e o campo de concentração que são certamente fenômenos históricos, datáveis – foram abordadas por ele como *paradigmas* "cuja função era constituir e tornar inteligível um contexto histórico-problemático mais amplo".[17]

Perguntamos então qual contexto histórico-problemático mais amplo a figura "refugiado em seu próprio país" poderia tornar mais inteligível, fazendo dela uma figura paradigmática. Deixaremos, por hora, essa questão em suspenso.

Ao defender sua posição, Agamben tenta, então, estabelecer o que é o método paradigmático e seu correlato, o paradigma, apoiando-se principalmente em Foucault e Kuhn. O autor entende que Foucault se utilizou muitas vezes da noção de paradigma, sem, no entanto, nunca o definir precisamente. Isso não impediu que outros teóricos tomassem o método foucaultiano como aquele que faz dos discursos articulações históricas de um paradigma e que, na

---

16 Agamben, G. (2019). *Signatura Rerum: sobre o método* (p. 30). Autêntica.
17 Ibid., p. 9.

feitura mesma dessas articulações, há necessariamente o isolamento e a descrição de paradigmas sociais e suas aplicações materiais. Em Kuhn a noção de paradigma estabelece-se em torno de duas premissas diferentes. A primeira aponta para o que é comum a uma determinada comunidade científica. Já a segunda, mais tardia em sua obra, toma o paradigma apenas como um exemplo: onde a regra universal pode vir a ser formalizada e transmitida a partir da "experimentação de elementos particulares concretos, que em *sua função de exemplares*, oferecem acesso oportuno à cadeia conceitual articulada".[18]

O aporte retirado de Kuhn interessa a Agamben por contestar a fórmula corrente de que o conhecimento científico estaria baseado apenas em processos de indução de onde se extraem leis universais, sem as quais a ciência seria falha. Em Kuhn, "a resolução de problemas, antes de ser apenas o resultado da aplicação prática de um saber previamente acumulado, constitui a própria fonte do conhecimento".[19]

Mas Agamben não se refere à parte posterior da obra de Kuhn, em que a noção de paradigma é revista à luz da sua aplicação às ciências humanas e onde, cada vez mais, é o léxico e não apenas o paradigma que define um fazer científico. Ora, este desenvolvimento permite dizer que é também o léxico, composto pelo discurso, pela narrativa e pelos significantes fundamentais de um ribeirinho o que define tanto o regime de exceção quanto a gramática de reconhecimento envolvidos não apenas na situação e constituição do refúgio, mas nos seus destinos.

É assim que Agamben percorre rapidamente o paradigma do panóptico de Foucault,[20] ressaltando que se trata de um fenômeno

18 Carvalho, 2020, p. 52, grifos nossos.

19 Ibid., p. 53.

20 Foucault, M. (2014). *Vigiar e punir: o nascimento da prisão*. Vozes.

histórico singular, como se sabe, o *panopticon*, modelo arquitetônico de Bentham, cuja ideia principal é uma construção, aplicável em vários tipos de estabelecimentos, onde pessoas devem ficar sob inspeção. Aplicando *plans de clivage* neste arquivo cronológico – sua possível generalização, seu princípio de modalidade –, Foucault faz dele uma figura de ferramenta política que precisa ser separada de seu uso específico para que se possa ali encontrar sua "função estratégica decisiva para a *compreensão* da modalidade disciplinar do poder".[21]

O esforço se dá em mostrar que é a partir dessas operações de disjunção e junção, desses *plans de clivage*, que o caso individual pode ser isolado do contexto do qual faz parte, constituindo a partir de sua singularidade a fonte de conhecimento que torna acessível a *compreensão* de um novo conjunto de fenômenos. Como explicita Favaretto, "o paradigma do panóptico apresenta-se não somente como um exemplo de grande alcance temporal num determinado momento histórico, mas um exemplo de longo alcance através do tempo".[22]

Do mesmo modo, procede Agamben com o paradigma do muçulmano, figura retirada do contexto dos campos de concentração nazistas. Como é conhecido, o muçulmano se caracterizava por não ser mais do que um corpo cadavérico a circular pelos campos, eram os fracos, os ineptos, os destinados à "seleção", os que já não se queixavam nem contavam lembranças de vida.[23] Valendo-se desse acontecimento histórico – o muçulmano e seu lugar, o campo de concentração e da pergunta: como é possível um homem tornar-se não homem? – testemunhado por Levi, Agamben transforma o mulçumano na figura paradigmática que expõe a desumanização pela

21 Agamben, G. (2008). *O que resta de Auschwitz: o arquivo e a testemunha* (p. 21). Autêntica. Grifos nossos.

22 Favaretto, C. M. R. (2013). O futuro anterior: Giorgio Agamben e o método paradigmático. *Cadernos de Ética e Filosofia*, *2*(23), 116.

23 Ver Levi, P. (1998). *É isso um homem?* Rocco.

qual passou toda a sociedade europeia por ocasião do Holocausto, na medida em que não só a vítima, mas também o algoz se reduziu ao aspecto de máquina, localizada entre o humano e o inumano.

É assim que o mulçumano não se restringe à particularidade de alguns judeus localizados no campo de concentração polonês, mas porta o real de Auschwitz, que não se deixa cernir pela dimensão do sentido. Isolado como unidade fundamental da biopolítica,[24] o mulçumano é um caso muito particular que esclarece o "universal do contexto do campo de Auschwitz, dos campos nazistas das décadas de 1930 e 1940, do exercício do poder sobre os corpos nos Estados de exceção e, enfim, da política contemporânea que faz do Estado de exceção à regra".[25]

Nos ocorreu então utilizar uma determinada figura,[26] particular, hiperlocalizada – o ribeirinho expulso das margens do Rio Xingu,

---

24 O termo "biopolítica" foi usado por Foucault pela primeira vez na década de 1970, sendo posteriormente trabalhado por Agamben (Cf. *Homo sacer: o poder soberano e a vida nua I*, 2a. ed. UFMG, 2010), que o entende como uma forma de exercício de poder hegemônica na contemporaneidade. A biopolítica utiliza-se de dispositivos de poder desenvolvidos para o reconhecimento e controle das populações, sendo possível, no limite das estratégias biopolíticas, o surgimento de locais como o campo, em que a vida humana é despojada de proteção jurídica e social.

25 Carvalho, 2020, pp. 57-58.

26 Rodrigues também faz uso da noção de paradigma para responder as críticas à proposição de performatividade de gênero pela *figura* da *drag queen*. Cito-a: "a *drag queen* é apenas um paradigma que expõe a artificialidade da ligação entre o sexo anatômico e a identidade de gênero" (Rodrigues, C. (2021). *O luto entre clínica e política – Judith Butler para além do gênero*. Autêntica, p. 55). Ela explica ainda que o método agambeniano objetiva tornar certos fenômenos inteligíveis, pois "possibilitaria produzir no interior de um arquivo cronológico, em si inerte, planos de clivagem que permitem torná-lo legível. Entendo a *figura* da *drag queen* como paradigmática na medida em que permite tornar compreensível o fenômeno da artificialidade do gênero" (p. 55). Franco, na mesma linha, utiliza-se da Vala de Perus (vala clandestina de sepultamento localizada na periferia noroeste da cidade de São Paulo) como *figura* paradigmática que torna

Amazônia, Brasil, entre 2011-2015 – para exemplificar o contexto histórico-problemático mais amplo, *nossa experiência contemporânea de mundo*. Ou seja, nesse lugar de exceção encontramos algo que é comum e que estaria fundando uma regra e fazendo um conjunto do nosso momento contemporâneo. Figuras tão localizadas como um francês zadista,[27] um maceioense do bairro citadino de Pinheiro[28] ou uma garota síria.[29] Mas em Lacan há dois tipos de

---

inteligível um conjunto de práticas e saberes que ele denominou dispositivos necrogovernamentais. Cf. Franco, F. L. (2021). *Governar os mortos: necropolíticas, desaparecimento e subjetividade*. Ubu.

27 Os zadistas são os moradores de Notre-Dame-des-Landes, localizada no noroeste da França. Essa comuna foi por eles batizada de ZAD (Zona de Autonomia Definitiva) ou Zona a Defender. No projeto oficial do Estado, a ZAD "é uma grande área que seria destinada à construção de um aeroporto, ou seja, um megaprojeto que implicaria diversos impactos negativos para as populações que vivem nas áreas afetadas ou no seu entorno: expulsões, destruição da fauna e flora, intensificação de exploração da força de trabalho, danos à saúde, assédios e violências psicológicas ou físicas, assassinatos e outras violações dos Direitos Humanos. Os zadistas produzem formas de vida para além do denuncismo e da resistência, elaborando arranjos autogestores e de sociabilidades divergentes da lógica do capital". Rancière, J. (2021). *O pensamento das bordas*.

28 Em 2019, o Serviço Geológico do Brasil descobriu que as falhas geológicas existentes em quatro bairros de Maceió (AL) foram resultado da exploração de sal-gema, feita pela gigante nacional Braskem, instalada em Maceió. Em acordo bilionário, indenizaram mal os moradores que foram obrigados a deixar o local, e livraram-se, até o momento [abril de 2025], de qualquer responsabilização ou punição por transformar os bairros em ruas fantasmas e por mudar o rumo de cerca de 55 mil vidas.

29 Bana Alabed é uma garota síria que usou sua conta do Twitter para descrever os horrores da guerra que vivia desde os 3 anos de idade. A aterradora experiência culminou no violento cerco de Aleppo, em que Bana, os pais e os dois irmãos mais novos ficaram encurralados, com pouco acesso à comida, água, medicamentos e outros bens essenciais. Acrescido das cartas de sua mãe, seu relato transformado em livro *textemunha* o que é ser "refugiado em sua própria cidade", "sem ter para onde ir", como escreve sua mãe. Cf. Alabed, B. (2018). *Querido mundo: a história de guerra de uma menina síria e sua busca pela paz* (p. 148). BestSeller. Agradeço à Ilana Katz pelo achado.

exceção conforme o tipo de universal ou conceito que se tenha em mente. A exceção fálica ou masculina é referida a um conjunto bem formado, com as propriedades de pertencimento e contagem de elementos segundo os axiomas da escolha, identidade e vazio. Ela se enuncia, conforme o léxico lacaniano, como uma contradição entre *para-todo* e o *ao-menos-um*. A exceção feminina ou não-toda-fálica compreende o problema da dupla negação: não existe nenhuma que não. Ela retoma, de maneira modificada, a gramática da angústia que é não-sem-objeto, sendo "não" e "sem" uma versão da dupla negação. Ao contrário de gerar uma afirmação, a dupla negação gera um universal negativo. Os desdobramentos desse universal remetem a dois enunciados: a mulher que não existe; e seu gozo, o gozo do Outro, não existe. Retornando a Agamben, poderíamos dizer que o *homo sacer* é um bom exemplo da exceção feminina em Lacan, pois não aponta apenas para a transgressão dos limites e da pertinência do conceito de humanidade, mas lima a dissolução do conceito, um exemplo que derruba e destitui a regra que o constituiu.

Isso poderia nos remeter a dois modos de "ser" ribeirinho. No primeiro caso, o refugiado define-se pela perda do lugar ou território ao qual pertence, como uma espécie de privação. Dessa forma ele seria um ribeirinho exilado, refugiado ou em distância do lugar que o constitui como tal. A segunda maneira de ler o ribeirinho é supor que a perda do rio, da ilha ou do "baixão" representa apenas uma reafirmação da natureza errante, intermitente e indeterminada da própria vida ribeirinha. Ele permanece exilado em "outro lugar", mas, considerando que o "seu" lugar não existe, não porque não seja um território, mas porque não é uma posição específica. Ou seja, o ribeirinho, no contexto do refúgio ocasionado pela barragem de Belo Monte, é tanto uma exceção masculina, pois cria perda de predicados e direitos, quanto um caso de exceção feminina, que mostra a insuficiência da própria lei que preside a organização do capital sobre o ambiente global.

Para a montagem dessa figura, seguimos os passos de Agamben, que usa da analogia[30] como ferramenta que opõe a dicotomia que prevalece na lógica ocidental. Assim, contra a alternativa "ou A ou B", na qual se exclui o terceiro, ele faz valer "nem A, nem B", defendendo que a analogia:

> *intervém nas dicotomias lógicas (particular/universal; forma/conteúdo; legalidade/exemplaridade etc.) não para contrapô-las numa síntese superior, mas para transformá-las num campo de força percorrido por tensões polares, em que, exatamente como acontece num campo eletromagnético, elas perdem sua identidade substancial. Mas em que sentido e de que modo se dá aqui o terceiro? Certamente não como um termo homogêneo aos dois primeiros, cuja identidade poderia, por sua vez, ser definida por uma lógica binária. É somente do ponto de vista da dicotomia que o análogo (ou o paradigma) pode parecer como um* tertium comparationis *[a terceira parte da comparação]*. Aqui, o terceiro analógico é atestado antes de tudo pela desidentificação e pela neutralização dos dois primeiros, que agora se tornam indiscerníveis.[31]

Essa longa citação justifica-se, principalmente, por explicar o modo como uma figura pode, via analogia, ter sua identidade substancial perdida, de modo que ao falar de "refugiado em seu próprio país" não estaremos mais falando do ribeirinho do Xingu, do zadista, do maceioense ou da garota síria. Em todas essas situações

---

30 Retirada do filósofo Enzo Melandri (1968) em *A linha e o círculo: estudo lógico-filosófico sobre analogia*.

31 Agamben, 2018, p. 25, grifos nossos.

há uma espécie de hipervisibilidade do caso e ao mesmo tempo uma desorganização da regra, uma identificação e uma desidentificação. Que seriam lugares de exceção, mas onde encontramos algo comum e que acaba por fundar uma regra, fazendo um conjunto do nosso estado contemporâneo. Pois, na analogia, o terceiro termo é desidentificado, tornando-se assim indiscernível. Qual a consequência desse indiscernível? Nos chocamos ao tentar apreendê-lo por cortes com apenas dois valores de verdade – verdadeiro ou falso – com o indecidível. E é nesse sentido, nos diz Agamben, que separar um exemplo de sua paradigmaticidade, "seu valer para todos, do seu ser um caso individual entre os demais",[32] é impossível, sendo ele mesmo manifestação do caso e da regra de que é o caso.

Na finalização de seu texto, Agamben volta às críticas as quais ele iniciou o artigo dizendo que espera ter esclarecido que o *homo sacer* e o campo de concentração, o muçulmano e o estado de exceção não eram hipóteses com as quais ele pretendia explicar a modernidade através de uma causa histórica, dado que a multiplicidade destas, uma vez feitas paradigmas, objetivava deixar visíveis fenômenos parentes que poderiam escapar aos historiadores. Certamente os fenômenos se desenvolvem no tempo e a diacronia tem aí o seu lugar, mas não se trata de alcançar uma origem pressuposta no tempo, e sim, no cruzamento entre a diacronia e a sincronia, *tornar inteligível o presente do pesquisador e não apenas o passado de seu objeto.*

Agora podemos voltar à pergunta deixada em suspenso, a saber, qual contexto histórico-problemático mais amplo a figura "refugiado em seu próprio país" poderia tornar mais inteligível, fazendo dela uma figura paradigmática?

Na definição da ACNUR – a agência da ONU para refugiados – os assim chamados deslocados internos são pessoas deslocadas

32 Agamben, 2019, p. 25.

dentro de seu próprio país, pelos mesmos motivos de um refugiado, mas que não atravessaram uma fronteira internacional para buscar proteção. A agência precisa ainda que, mesmo tendo sido forçadas a deixar seus lares por causas semelhantes às dos refugiados (perseguições, conflito armado, violência generalizada e violação grave e generalizada dos direitos humanos), os deslocados internos permanecem legalmente sob proteção de seu próprio Estado – *mesmo que esse Estado seja a causa de sua fuga*. Mas aqui transparece a não identidade do Estado, a dissolução da unidade do seu ordenamento jurídico, a contradição entre os interesses de seus diversos agentes: promotoria pública e Companhia Norte Energia, políticas de desenvolvimento e políticas de saúde, políticas econômicas e políticas ambientais. Políticas para-todos e política sem nome do ao-menos um, mas também tensão entre políticas específicas e política como democracia.

Há, na definição da ACNUR, as mesmas coordenadas políticas há muito tempo exercidas na região Norte do Brasil, não só lá, políticas de estruturas históricas praticadas para levar a cabo a neocolonização, com a habitual segregação inclusa. Políticas que governam via estado de exceção e que convocam a resistência dos movimentos sociais a fazer frente às violações dos direitos humanos. Deste campo de lutas, resta o deslocado interno, ou o nosso refugiado em seu próprio país, que não tem onde aterrar, embora possa ter uma casa em um Reassentamento Urbano Coletivo.

Onde aterrar, então? Recolho essa pergunta de Latour,[33] que toma a saída da Inglaterra da União Europeia (o Brexit), a vitória de Trump nos Estados Unidos, ambos em 2016, e a crise migratória europeia de 2015 como acontecimentos que marcam o fim de impulso, ou mesmo da possibilidade, do que costumávamos

33 Latour, B. (2020). *Onde aterrar? Como se orientar politicamente no Antropoceno*. Bazar do Tempo.

chamar globalização,[34] com seu aparato político adjunto. *Privados de terra e sem uma nova orientação política* poderia ser o contexto histórico-problemático mais amplo que a figura *refugiado em seu próprio país* vem tornar mais inteligível.

Eliane Brum, no já citado *Banzeiro òkótó: uma viagem à Amazônia Centro do Mundo* (2021), em consonância com Viveiros e Latour, chama atenção sobre a emergência climática, associando-a às políticas extrativistas, colonialistas e logicamente ao desenvolvimento desenfreado do capitalismo, cujo saldo negativo vem a ser a figura do refugiado:

> *Quem consumiu o planeta foram os mesmos que hoje erguem muros e multiplicam as barreiras legais para impedir que as vítimas de seu colonialismo entrem em seu território. Quem devorou a Terra e hoje constrói cercas cada vez mais intransponíveis são aqueles que produziram milhões de refugiados climáticos, um número que deve se multiplicar nas próximas décadas.*[35]

Ela esclarece ainda que "a disputa política sobre as centralidades é estratégica. E é imperativo retomar o centro"[36] e que, nesta disputa,

---

34 Tempos depois encontrei, lendo *Dysphoria Mundi: o som do mundo desmoronando*, de Paul B. Preciado (2024), o filósofo Günther Anders, que, ao visitar Hiroshima após a explosão da bomba atômica, escreve um diário com conclusões assoladoras. Paul nos diz que esse diário deveria ser lido hoje como um mapa para navegar o presente. Uma das conclusões a que chega Anders é que Hiroshima não está no Pacífico, não é onde caiu a bomba, nem um acontecimento que possa ser isolado no espaço e no tempo. Hiroshima, diz Anders, não designa uma cidade, mas o estado do mundo, explicitando a transferência de uma situação geográfica local para uma condição global compartilhada dentro de uma temporaneidade comum, qualificando aquilo que antes era chamado com orgulho neoliberal de "globalização" como um elemento chave da necropolítica.

35 Brum, 2021, pp. 73-74.

36 Ibid., p. 373.

a Amazônia se torna tão importante quanto Nova York ou Xangai, dado que "os indígenas são especialistas em fim de mundo, já que o mundo deles acabou em 1500".[37]

Retomar o centro é uma ação partidária do fracasso da promessa de modernidade e do sonho de um "comum a todos", fracasso que os países da América Latina sempre sentiram, e que ficou emblemático com a saída dos Estados Unidos das orientações e decisões internacionais que ditam as diretrizes de proteção dos direitos humanos e de ações contra as mudanças climáticas.[38] Emblema que Eliane Brum resume assim: "Apocalipse, sim, mas em ambiente climatizado e bebendo vinhos exclusivos".[39]

Com o esgotamento do planeta em acolher o projeto de modernização global sem limites – ainda que as chamadas "elites negacionistas" começassem uma cruzada para confundir as evidências dos efeitos do aquecimento global, além de embarcarem na "maluquice de criar uma biosfera, uma cópia da Terra",[40] a recente viagem espacial[41] bilionária aí inclusa – urge a criação de novas saídas políticas. Estando vetada a saída pelos localismos nostálgicos e pelos nacionalismos populistas, pois não se trata de defender algumas terras ameaçadas, pedaços de florestas, nacos de oceano, como na defasada bandeira ecológica de sustentabilidade, nem tampouco

---

37 Ibid., p. 75.

38 Como é sabido, os Estados Unidos saíram do Acordo de Paris sobre a Mudança de Clima durante o governo do ex-presidente Donald Trump, retornando em 2021, após a eleição de Biden. Ao assumir o governo novamente, em 2025, Trump saiu mais uma vez do Acordo de Paris. Lembramos que, para Latour (2020), "clima" deve ser entendido como as relações dos humanos com suas condições materiais de existência.

39 Brum, op. cit., p. 74.

40 Krenak, A. (2020). *A vida não é útil* (p. 26). Companhia das Letras.

41 Em 20 de julho de 2021, o bilionário Jeff Bezos embarcou no primeiro voo com seres humanos a bordo da Blue Origin, sua empresa de exploração espacial.

defender o retorno ao tempo mítico "antigamente é que era bom", mas de afirmar outra relação com o espaço e outra ideia de mundo, outra política que possa redimensionar as condições de vida em um dado território.[42] Trata-se de sermos indígenas, e não alienígenas, na acepção de Viveiros de Castro:

> *Ser indígena é ter como referência primordial a relação com a terra em que nasceu ou onde se estabeleceu para fazer sua vida, seja ela uma aldeia na floresta, um vilarejo no sertão, uma comunidade de beira-rio ou uma favela nas periferias metropolitanas. É ser parte de uma comunidade ligada a um lugar específico, ou seja, é integrar um* povo. *Ser cidadão, ao contrário, é ser parte de uma* população *controlada (ao mesmo tempo "defendida" e atacada) por um Estado. O indígena olha para baixo, para a Terra que é imanente; ele tira sua força do chão. O cidadão olha para cima, para o Espírito encarnado sob a forma de um Estado transcendente; ele recebe seus direitos do alto. Como sabemos, o Estado é um estado de espírito.*[43]

Esse deslocamento que aponta Viveiros – da nação para o território, da população para povo, de cidadão para indígena – encontra suas ressonâncias em Agamben,[44] que indicava em 1996, acompa-

---

42 Não tomamos território aqui apenas como fundamento do Estado-nação, mas como *território usado*, ou seja, como complexos de objetos e ações, sinônimo de espaço humano e habitado, formado por lugares covizinhos, adjacentes e lugares em rede, visto como uno e diverso, enfim, a questão central da história humana, segundo a acepção de Milton Santos (2001).

43 Castro, E. V. de. (2017, fev.). Os involuntários da Pátria. *ARACÊ – Direitos Humanos em Revista*, *4*(5), 188-189.

44 Agamben, G. (2015). *Meios sem fim: notas sobre a política.* Autêntica.

nhando Hannah Arendt em seu texto *Nós, refugiados* (1943), que a posição de refugiado propunha um "paradigma de uma nova consciência histórica". O autor coloca que a análise de Arendt nesse artigo não perdeu em nada sua atualidade, afirmando que:

> *no declínio agora irrefreável do Estado-nação e na corrosão geral das categorias jurídico-políticas tradicionais, o refugiado é, talvez, a única figura pensável do povo no nosso tempo e, ao menos até quando não for realizado o processo de dissolução do Estado-nação e da sua soberania, a única categoria na qual é hoje permitido entrever as formas e os limites de uma comunidade política por vir.*[45]

A problemática se encontra no fato de que há uma ligação entre o porvir dos direitos do homem e o porvir do Estado nacional moderno, "de modo que o declínio desse, implica o devir obsoleto daqueles",[46] uma vez que os direitos inalienáveis do homem se mostram, no sistema do Estado-nação, desguarnecidos de defesa e cuidado, tomá-los como direitos dos cidadãos de um Estado[47] se torna impossível. Chegamos assim à ideia de que todos somos refugiados, que a experiência de despertencimento e perda de território é "*para-todo*", logo universal, mas não diretamente universal. Nele, cada-um, "*ao-menos-um*" de nós seria um caso particular desta regra, agora nova regra enunciada como paradigma. É preciso passar para o outro lado, é preciso a experiência "trans" do alienígena para

---

45 Ibid., p. 24.

46 Ibid., p. 27.

47 Impossibilidade já implícita na imprecisão do título da Declaração de 1789, qual seja, "Declaração dos direitos do homem e do cidadão", seriam direitos diferentes o do homem e o do cidadão? Ou o primeiro termo está contido no segundo? (Agamben, 2015).

chegar ao indígena. Este outro lado, este "*não-sem*" desse Outro lado previne a inclusão metafísica da posição ao lugar e do lugar ao espaço. Este outro lado é o lado no qual cada um não se inclui não por impotência, mas por impossibilidade. Neste Outro lado cada um, é "*não-todo-um*".

Agamben nos explica que os direitos do homem são o lugar de passagem da soberania real de origem divina à soberania nacional, através da qual o súdito se transforma em cidadão pelo simples fato da natividade (isto é, a vida nua humana), fazendo dessa ficção o fundamento de sua própria soberania. "O paradoxo, aqui, é que justamente a figura – o refugiado – que deveria ter encarnado por excelência os direitos do homem assinala, pelo contrário, a crise radical desse conceito".[48]

É assim que dessa figura inquietante que radicaliza a crise dos princípios do Estado-nação, pois que rompe com a identidade homem/cidadão, e que estampa "o horror de ser reduzido ao território do próprio corpo",[49] pressiona a uma outra noção de território, onde os espaços do Estado devem estar "perfurados e topologicamente deformados e nos quais o cidadão terá sabido reconhecer o refugiado que ele mesmo é" poderá vir "a sobrevivência política dos homens".[50] Por isso dizemos e concordamos com Viveiros de Castro e Eliane Brum, que "*Altamira é o centro do mundo*", mas acrescentando também o Outro lado, a saber "*Altamira é o centro de um mundo sem centro*."

É a essa força e potência que talvez se referisse Viveiros de Castro na conversa entre amigos, pois os deslocamentos acima citados – da nação para o território, da população para povo, de cidadão para indígena – retiraram a afirmação da soberania dos Estados, da

48 Ibid.

49 Brum, 2021, p. 91.

50 Agamben, op. cit., p. 33.

gestão das populações e mesmo a delimitação de fronteiras como tarefa política primeira. Tais deslocamentos poderiam criar uma arena política que abarca organizações coletivas articuladas – as lutas sociais e ambientais, bem como seus saberes sobre maneiras possíveis e não homogêneas de habitar a Terra – que elaborassem composições de governança e de sociabilidades divergentes da lógica do capital, tendo a figura do refugiado uma posição privilegiada nesta transformação social.

5. Movimentos clínicos, atos políticos

Sentei no chão, num canto do quintal, em geral meu lugar de repórter escutadeira, enquanto Ilana e Rodrigo conversavam com Francineide. Ilana começou a explicar o que faz um psicólogo. Essa ribeirinha, que é uma das mulheres mais inteligentes que conheço, interrompeu Ilana para dizer o que ela, Maria Francineide, entendia: Eu entendo assim, no meu modo de dizer. Vocês sabem que eu comecei a estudar agora, né, então eu tou começando tudo na minha vida depois dos 48 anos. No meu modo de pensar, vocês são assim pessoas que nos ajudam a achar uma porta que, pra muitos, não tem mais saída. Tem casos de pessoas que vêm dessa barragem aí que eles mesmos se isolam a um ponto que nada mais lhes importa. Nem os filhos, nem o alimento, nem o trabalho. Você morre, entendeu? As pessoas não entendem. É uma tristeza que nasce dentro da gente que, por mais que a gente queira tirar ela, tem hora que não consegue. Isso aconteceu comigo. Então é uma dor terrível. Você quer ficar sempre só, você

> *não quer falar com ninguém. Então isso mata a gente. Então vocês são as pessoas que nos ajudam a achar essa porta. Eu saí de uma porta que me colocaram. Fizeram um caixotezinho, me colocaram dentro e fizeram uma brecha bem pequenininha. Mas, antes da brecha, colocaram um papel escuro. Por mais que eu procurasse, eu não achava a brecha. E nós entramos em certos lugares que precisa desconjuntar braço, pescoço, perna, quadril pra poder sair do outro lado só o resto, e ainda tem o trabalho de remontar, porque muitas vezes os ossos não ficam no lugar. Então, no meu modo de ver, vocês são essas pessoas que nos ajudam a achar a brecha, a porta, no lugar que não existe. Silêncio.*
>
> Eliane Brum, 2021, pp. 292-293

Após esse largo desvio pelo método, retomaremos, neste capítulo, a aproximação dos movimentos de intervenção, quando eles ocorreram, expostos em alguns casos clínicos do capítulo três. Tocaremos também um sentido possível do sintoma de imobilidade como um significante representativo de resistência política.

A questão que nos colocamos ao ler casos clínicos em psicanálise e que nos parece ser um problema geral na construção de casos e que evitamos muitas vezes dizer é: como você fez? Como saiu de uma situação A e chegou a C? Temos, na grande maioria dos casos, uma situação inicial – seja a queixa sintomática, uma questão analítica ou pura angústia – e chegamos a uma situação outra – um alívio do sintoma, a transformação de uma percepção sobre si, uma acomodação do eu, ou mesmo uma angústia que cede –, mas circunscrever o "passe de mágica" entre uma situação e a outra parece ser uma tarefa relegada a segundo plano. O que nos vale críticas acertadas sobre certo obscurantismo psicanalítico.

A longa epígrafe no início deste capítulo nos dá mostra do movimento, de um percurso em que há um antes e um depois: primeiro o sem saída – alguém imobilizado e constrangido (dentro de um caixote) – e depois uma brecha, a saída em um lugar que não havia, encontrada com a ajuda desse outro que escuta. Neste depoimento temos a clareza de que nossa intervenção, pelo menos para essa ribeirinha, não foi focada no eu – não buscou fortalecer um eu fraco que estaria debilitado pela perda ocorrida, não tentou encobrir o que estava quebrado – nem visou algum tipo de resiliência via caridade, que, ademais, não permite passar do imaginário ao simbólico. A ribeirinha não sai inteira, forte ou plena com a ajuda do achador de brechas, mas "só o resto", o que indicaria que *a intervenção preservou a dimensão da perda*, a fratura nos ossos, e que na passagem pela brecha não há conjunção, há desconjuntura. Maria Francineide não se vale do obscurantismo e circunscreve o lugar e a tarefa daquele que a escutou.

No entanto, a coisa não se dá sempre assim. Podemos argumentar, com Lacan,[1] que no ato psicanalítico o sujeito não está, ele está onde não pensa. Ou ainda que há algo realmente inapreensível em um encontro analítico, que não logra passar toda a significação, fato do qual estamos avisados. Não raro escutamos de supervisionandos, tentando dizer do movimento clínico de seus pacientes: "não sei o que fiz, não consigo me lembrar, sei que disse algo, não sei o quê". Assim também ocorre com nossos pacientes: "algo mudou, não sei como, tem a ver com o que fazemos aqui". E, por fim, os analistas também se surpreendem quando a neurose se desacomoda e uma outra posição perante as relações aparece no paciente e logo perguntamos: como isso se deu? *Algo de inapreensível restará e é justamente desse resto que advém nosso trabalho com os casos clínicos,*

1 Lacan, J. (1967). *O ato psicanalítico – Seminário 1967-1968*. Escola de Estudos Psicanalíticos. Edição não comercial.

dado que, como analistas envolvidos na transmissão da psicanálise via discurso analítico, nos esforçamos a, ao menos, fazer hipóteses sobre esse "passe de mágica". Hipotetizar sobre esses movimentos, deslocamentos é tarefa tão difícil quanto importante, uma vez que, ao vislumbrar, ainda que de relance, como um deslocamento operou, podemos dizer que em casos análogos intervenções análogas podem também serem feitas.

Assim, vejamos o caso de Teré ("Uma vida risca outra"). Como poderíamos circunscrever o sintoma neste caso? A insônia apresentada logo no início poderia ser tomada como o que se convencionou chamar sintoma-queixa, como em outros casos temos o dormir em excesso, a falta da escola e a inibição em lutar por ela, o cansaço generalizado, a militância, a indefinição jurídica, a zonzeira etc. A esse sintoma, o discurso médico oferece, geralmente, sua solução medicamentosa para fazê-lo cessar. Mesmo para o próprio Teré trata-se também de fazê-lo cessar, ou seja, de parar de ter insônia. Mas, dentro do discurso analítico, trata-se de saber o sentido que pode ser dado ao sintoma-queixa, ou seja, a que ele serve neste caso específico?

Claro que nos apoiamos no conhecimento clínico, temos tratados sobre a insônia, e não raro ela é associada à angústia e pensamentos obsessivos, repetitivos. Mas também sabemos que esse tipo de pensamento serve a não pensar em algo que seria o necessário a ser pensado, ou seja, um pensamento que é uma defesa contra outro tipo de ideia que não pode aparecer sem provocar dor e sofrimento psíquico, ideia esta que envolve coisas que o sujeito fez ou desejou fazer e que são fontes de culpa. Tudo isso está na literatura freudiana[2] e é bastante conhecido. Mas trata-se de saber como isso se manifesta no caso, o que só podemos alcançar com o desenrolar e na escrita deste, feito pelo analista.

---

2 Freud, S. (1894/1996). *Neuropsicoses de defesa.* Imago.

Na situação da clínica psicanalítica o sintoma é, antes de tudo, uma abertura para o inconsciente, é ele que nos dará notícias dos conflitos psíquicos daquele sujeito, é esta a passagem que nos interessa aqui. Neste sentido, qual o sintoma deste caso? A hipótese é que o sintoma era o esquecimento de um pedaço da história de Teré – a de ter sido um devastador de indígenas no passado –, essa a ideia contra a qual sua insônia lutava. Mas precisamos nos perguntar: por que agora? Ele convivia com essa história há bastante tempo e a escrita do caso não diz que ele sempre sofreu de insônia. Bom, claro é que a elaboração de um luto tende a evocar outros lutos, mas, ao que parece – e isso é uma hipótese ou, antes, *um exercício clínico* –, esse caso revela o cruzamento entre o acontecimento Belo Monte e os acontecimentos singulares na vida de Teré. Se a ideia é rechaçada pela insônia, fazendo o "*ficar acordado para tirar o sentido*", é porque essa lembrança colocaria Teré na mesma posição da Norte Energia, no caso Morte Energia, ou seja, tão mortífero quanto ela.

Mas e o passe de mágica? Sabemos que o próprio recordar e o falar podem trazer alívio dos sintomas, como a literatura psicanalítica e a sabedoria popular reconhecem. Mas, para além disso, a figura do interlocutor e o que ele pode dizer sobre o que escutou marca a diferença de um trabalho clínico e um alívio que ocorre em uma simples conversa com um amigo. Assim, apontamos a curta e precisa intervenção dos *cuidantes*, qual seja "*É?*", que pode ter criado um efeito de vacilação na significação única de "uma vida risca a outra", qual seja, "seguro é andar sozinho", uma vez que essa também portava um esquecimento, o da vida comunitária comum aos ribeirinhos. Vacilação que traz à tona a lembrança dos caiapós assassinados, afinal quem diz vida também diz morte e quem diz sozinho também diz acompanhado, pois essas palavras trazem a ausência de seus antônimos. *É evidente que essa construção é feita a posteriori pelo clínico e, conforme colocamos no segundo capítulo, ela segue a estrutura da clínica e do método de investigação da psicanálise, mantendo o mesmo regime linguageiro.*

Quando a recordação pôde ser dita para um achador de brechas, conforme nos ensinou Francineide, Teré não precisa mais ficar acordado para "tirar o sentido" – aquilo que ele sentia, poderíamos dizer culpa –, e a posição em que ele se encontrava – tão mortífero quanto a empresa – também perde sua força, pois há um reconhecimento desta, que não é possível via resposta de acomodação de identificação, que é o primeiro capítulo da resposta ao acontecimento Belo Monte, propiciada pelos movimentos sociais, mas que não atinge o sintoma de cada um.

Nesse sentido, o caráter destrutivo da instalação de Belo Monte não advém apenas porque incide sobre o que é belo e bom da vida que a comunidade experimentou, mas, ao mesmo tempo, porque destrói a história *daquele* ribeirinho em sua narratividade. Assim, o destrutivo advém não só pela perda da materialidade do que era comum e particular – a perda da escola, a perda da casa –, mas também pela construção da contranarrativa estabelecida no campo político e jurídico da resistência, que convocava a certa romantização do passado, obrigando cada ribeirinho a censurar os capítulos de sua história que não cabiam na descrição do paraíso perdido.[3] Ou seja, era preciso que cada um fizesse de sua história passada outra coisa do que tinha sido, recortando e apagando partes dela de modo a fazê-la caber neste pertencimento "somos atingidos", e aquele que atinge caiapós, ainda que no passado, não cabe neste pertencimento.

É importante ver aqui o deslocamento da lógica dos movimentos sociais para a lógica da clínica, pois se na primeira temos uma

3 Essa manobra também se revelou clara através de um caso descrito por Katz, I., & Dunker, C. (2019). Clinique du Soin aux Bords de la Rivière du Xingu: une intervention psychanalytique auprès de la opulation Riveraine atteinte par Belo Monte. *Recherches em psychanalyse*, (27), 49-58.

fixação discursiva em torno do sofrimento social e nos significantes deste discurso jurídico-social – atingidos, deslocados, indenizações, restituições –, na segunda temos a possibilidade do sujeito, diante do movimento de se contar e de se escutar, circunscrever seu sofrimento a partir dos significantes de sua história – pescador sem rio, cansaço, morrer dos nervos. *Nenhuma é mais importante que a outra, é preciso repetir isso, são apenas lógicas diferentes que levam a desenvolvimentos distintos.* Os movimentos sociais trabalham com a importante lógica da identidade – em nosso caso ela ficou reunida sobre o nome de "somos atingidos" –, ao passo que a clínica psicanalítica trabalha com uma espécie de desidentificação, ou ainda com uma identidade de separação.

Ainda que o termo identidade não seja corriqueiro em psicanálise, pois Freud falou de identificação[4] – as identificações edipianas, as identificações pelo sintoma, com a fratria, e mesmo em Lacan,[5] as identificações com a imagem do espelho, com o significante mestre, entre outras –, ligando-a à constituição e formação do eu, é certamente algum tipo de identidade que resulta deste processo, seja a do ser social e/ou sexual. Assim, se entendemos por eu a reunião de imagens e significantes que identificam o ser social, podemos entender por sujeito – na acepção lacaniana desse termo – justamente uma parte desse ser que resiste a ser identificado por essa reunião, pelo simples fato de que ele está localizado entre os significantes de uma cadeia e não lhe é possível ser representado totalmente por apenas um significante. Essa resistência, tão comum em falas como "mas eu não sou isso que você diz que eu sou", nos indica que o sujeito protesta contra os veredictos identitários do Outro social, ainda que

4 Ver *Psicologia das massas e análise do eu*, de 1921.

5 Ver *O estádio do espelho como formador das funções do eu*, de 1949.

os adote em um primeiro momento,[6] já que, no laço social, somos sempre assentados sobre esses veredictos.

Tal protesto nos leva à concepção de que toda identidade convoca, ao mesmo tempo, a diferença e o idêntico, pois uma identidade também pressupõe a diferença entre outras identidades. Uma vez identificado pelo discurso social, não importa com qual atributo – tu és... ribeirinho, mulher, preguiçoso –, o sujeito que se percebe outro não pode senão protestar, pois é dividido entre outros anseios que não só ribeirinho, mulher ou preguiçoso, ainda que ele não saiba muito bem quais. O sujeito diz não ao atributo reivindicando sua diferença. É nesse sentido que a clínica psicanalítica trabalha também na lógica identificação, mas para ali escutar a voz da diferença reivindicada pelo sujeito. Como nos diz Soler, o psicanalista "é aquele que assume com conhecimento de causa seu impossível de universalizar. Apesar disso ele não sai do mundo, mas é através disso que ele se separa das injunções do discurso corrente e se faz causa desta separação".[7]

Assim, a contranarrativa jurídico-social – responsável por dar um contorno à catástrofe que se abateu sobre centenas de famílias expulsas de suas casas, constituindo discursivamente uma ação que organizou a vida das pessoas atingidas através da luta no campo dos direitos civis – foi de suma importância enquanto estratégia política de pertinência e refiliação subjetiva. No entanto, o lugar paradoxal do ribeirinho se apresentava assim: inicialmente, era necessário que os ribeirinhos fossem representados politicamente, e isso se deu por uma compressão deles a uma classe identitária – movimento que

---

6 Soler, C. (2018). *Rumo à identidade*. Aller. Sobre identificação primordial e identificação alienante ver principalmente os capítulos 1, 2, 3 e 7.

7 Soler, C. (1998). *A psicanálise na civilização* (p. 262). Contra Capa Livraria.

Ilana Katz nomeou "suplência identitária"[8] no nível subjetivo – a partir da qual podem reivindicar direitos que, não obstante, já estavam limitados pelas condições dessa mesma compressão à categoria. Vemos, assim, por que a pergunta "quem aqui é ribeirinho?" – que supõe necessariamente disputas imaginárias – se impôs na comunidade e que, graças às movimentações e reuniões do Conselho dos Ribeirinhos, pode ser deslocada para "o que é um ribeirinho?" – que supõe um trabalho de narrativização de histórias e de singularização dos comuns, preservando diferenças, de modo a criar critérios de nomeação advindos dos próprios –, o que manteve o grupo ao alcance do verbo.[9]

Com o trabalho clínico na direção da identidade da diferença buscamos – via sintomas, inibições e angústias – fazer disjunções, separações entre os traços singulares e os sociais, o que permitiu que os sofrimentos pudessem ser lidos de outra maneira que não pela chave identitária, pela chave do *nós*. Quem esclareceu isso foi uma beiradeira:

> *Volta e meia beiradeiros da Amazônia me puxam para um canto, em festas ou reuniões públicas, dizendo que precisam "falar com a escritora". Dessa vez, a mulher que me encostava na árvore queria me contar o que tinha acontecido no dia anterior, ao ser atendida por uma dupla de psicólogos: Eu achei que nunca que contava esse segredo pra ninguém. Nunca tinha falado de meu passado pra ninguém. E ontem contei pra psicóloga. Foi como arrancar um prego podre das minhas entranhas.*

8 Katz, I. (2019). A clínica do cuidado: intervenção com a população ribeirinha do Xingu atingida por Belo Monte. In E. Broide, & I. Katz (Orgs.), *Psicanálise nos espaços públicos*. IPUSP, 22-37.

9 Lacan, J. (2003). A psiquiatria inglesa e a guerra (p. 106). In *Outros Escritos*. Zahar.

> *Hoje eu acordei às quatro da manhã, como sempre, mas eu estava liberta. Eu não tenho o que comer e carrego uma carga muito pesada por conta do que aconteceu com a gente por causa desse Belo Monte. Mas hoje eu acordei pesando uma grama.*[10]

A carga continua lá, a fome também, mas ela já não pesa mais que um grama. Pois o capítulo censurado de sua história, o segredo incontável, encontrou eco no achador de brechas e sua narratividade pode ser reconstituída *em partes*, o que significa preservar a dimensão do que se perdeu, seja no segredo do passado ou em sua atualização no presente. Frente ao fechamento do *nós*, oferecemos a abertura da separação "eu e o outro", o que significa saber-se ribeirinho em sua diferença de ribeirinho e não apenas na sua paridade. Assim, Belo Monte não é apenas a história de uma destruição, é a história de uma destruição e de uma recomposição, às vezes mais feliz, às vezes menos feliz, às vezes incipiente ou mesmo fracassada.

Esperamos ter deixado suficientemente clara a importância dessa contranarrativa na união desse grupo que, ademais, havia sido propositalmente desmantelado pela empresa Norte Energia. No entanto, essa importância não esconde o fato de que, ao mesmo tempo, ela reforçava a constituição de uma espécie de "comunidade unida pelo pior",[11] tornando infinitas as perdas e impedindo a possibilidade do luto para muitos. Ora, a luta pelos direitos não poderia incluir ou oferecer lugar ao luto de cada um advindo das perdas inegáveis, o que não se faz apenas romantizando o passado

---

10 Brum, E. (2021). *Banzeiro òkòtó: uma viagem à Amazônia Centro do Mundo* (pp. 293-294). Companhia das Letras.

11 Aula gravada "Belo Monte, Belo Monstro: sonhos de Altamira", ministrada por Ilana Katz e Luciana Guarreschi, seminário aberto "Sonhos: em tempos de incerteza e na clínica contemporânea", organizado por Gilson Iannini, Tempo do Agora, YouTube.

comum perdido, mas colocando-o em termos próprios, ou seja, singularizando o lugar de pertença nisto que foi comum a todos e que já não existe mais.

Ressalto que essa "comunidade unida" (ainda que pelo pior) não é contrária à lógica da escuta analítica, desde que se reconheça que a comunidade de iguais, formada em um primeiro momento e referente ao acontecimento comum, pode se tornar mais forte, em um segundo momento, ao reconhecer as diferenças entre seus membros. Essas diferenças vão desde a percepção de que o rio ou a casa de um é diferente do rio e da casa de um outro – de modo que a perda desses incidirá também de modo diferente – até a constatação de que a perda do rio ou da casa não é a causa de sofrimento de toda a comunidade.

No entanto, na reunião de iguais perante o acontecimento comum, pode-se, eventualmente, tomar o rio, a casa ou a cidade como significante para compartilhar de um sofrimento que é outro, mas que encontra ali seu escoamento. Assim como temos um lado do luto que é vivido coletivamente – os rituais fúnebres e/ou festivos envolvidos na separação do ente querido dão prova disso –, há também um outro lado, um momento subsequente, em que cada um se recolhe para fazer o árduo trabalho de separar-se do objeto perdido e ir encontrando traços significantes deste que fazem diferença absoluta na relação com o que se perdeu. Traços que serão acrescidos ao eu enquanto diferença – cernida pelo que foi perdido naquela perda, ou ainda "pelo que perdi de mim neste outro que se perdeu" – não enquanto mais uma das pessoas que estavam com aquele que se foi. E é nesse sentido que o luto é também um processo de criação e não só de aceitação.[12]

---

12 Dunker, C. (2023). *Lutos finitos e lutos infinitos*. Paidós. Mas também em: (2019, dez.). Teoria do Luto em Psicanálise. *Revista PsicoFAE: Pluralidades em Saúde Mental*, *8*(2), 28-42.

Vejamos agora mais um caso: "Expulsa, expulsa, expulsa" (Capítulo 3), em que o sintoma de hipertensão camuflava o que a médica soube bem detectar: a tristeza constante, remediada, ou mesmo mal remediada, pela tentativa fracassada de manter a família unida. A prescrição religiosa "amar a todos", deixa pouco espaço aos sentimentos ambivalentes do sujeito, ao mesmo tempo que é a própria constatação da existência deles. Podemos conjecturar que esse remédio era mesmo uma defesa contra esses sentimentos nascidos pela história de vida que esta ribeirinha não tarda a nos contar: "A Morte Energia e a minha sogra pra mim são a mesma coisa", já que as duas foram causadoras de sua expulsão. Os clínicos parecem não ter se contentado com essa identificação sogra/Morte Energia/expulsão, embora a escrita do caso não mostre qual intervenção foi feita para desconjuntar essa significação estabelecida. No entanto, podemos inferir que esperar, *escutando*, a "ladainha da mulher vitimada", é uma intervenção que aposta no aparecimento de outros significantes capazes de claudicar significações muito fixas.

O que também não tarda em aparecer – a expulsão não contada, "primeira" – e que neste exercício clínico pode ser tomada como geradora de um luto não elaborado, luto pela mãe amorosa perdida, no ato mesmo de sua expulsão quando ficou grávida e ali se gravou um "não há amor para todos", tendo como desdobramento a demanda incansável de amor de mãe e reconhecimento de filha. Mãe tão perdida quanto fantasiada, como o paraíso em que ela dizia viver e que queria fazer os clínicos acreditarem ser possível. No entanto, como nossa práxis ensina, não há paraíso, ou ainda ele ganha sua existência e força ao ser "perdido".

Todo exílio, forçado ou não, necessita de uma narrativa. Temos inúmeras histórias de exílios, aliás, as grandes narrativas da literatura são de exílio, a começar pela própria *Bíblia* – o povo hebreu passou quarenta anos vagando pelo deserto para encontrar sua terra prometida; a *Odisseia* de Ulisses em sua viagem de retorno para sua Ítaca querida – o que talvez nos indique que não basta a perda de um território para constituir uma expulsão, um exílio. Como falamos desta perda, a própria narração do exílio, dependendo de como ela é feita, o constituirá, o dissolverá e ou o ressignificará. Quem nos mostra como ela pode ser feita é Gael Faye, que, ao final de seu romance sobre seu exílio, consegue concluir: "não sei como essa história acabará. Mas me lembro de como tudo começou".[13]

Nós também não sabemos como acabou o exílio dessa ribeirinha, e mesmo se ele acabou, mas entrevemos que foi necessário ir ao seu começo e ele não se deu, apenas, com a chegada de Belo Monte. Pois cada ribeirinho traduziu sua chegada incorporando-a em suas séries significantes, orquestradas por sua posição fantasmática, que não é comensurável com a tradução que fizeram outros ribeirinhos. O que significa dizer que uma parte importante do que estava acontecendo ali já estava ali antes da chegada de Belo Monte, ainda que não exatamente da mesma maneira. Bom, a essa altura de nossos estudos de Lacan, já sabemos que qualquer tipo de acontecimento catastrófico não produz necessariamente sofrimento psíquico nem qualquer trauma, já que essas experiências – sofrimento e trauma – são constitutivas do falante, em qualquer território humano. No entanto, a maneira como um acontecimento tal qual Belo Monte se mescla às subjetividades, de um dado local em um dado tempo, não exime esse acontecimento como indutor de sofrimento, pois reativa a experiência traumática, ou, ao produzi-la, coloca em cena o pior de cada história, como resume Ilana Katz em seu pós-doutorado.

Como esperamos ter aclarado no Capítulo 3 e acima, através da leitura dos casos, procuramos agir nos atendimentos sem desfazer

---

13 Faye, G. (2018). *Meu pequeno país* (p. 189). Radio Londres.

esse pertencimento comunitário, mas atentos aos termos que poderiam singularizar a experiência de cada um dos que escutamos neste pertencimento. Passemos agora a um sentido possível do sintoma de imobilidade.

Involuntários da pátria:[14] *o sintoma como dissidência política*

Em vista do acima colocado, podemos agora dar um novo sentido ao que havíamos chamado de "sintoma coletivo dos ribeirinhos" – a imobilidade – para dizer que o coletivo era o sintoma. Melhor dizendo, a imobilidade, singularizada de maneiras diversas em muitos corpos, encontrava sua morada na sintônica "comunidade unida pelo pior". Não estamos dizendo com isso que as lutas sociais seriam sintomas, que portariam uma mensagem cifrada direcionada a um Outro que, por sua vez, ocuparia um lugar de amparo. Estamos dizendo que as lutas sociais são conflitos que portam uma força imanente de destituição da autoridade e de realização de exigências de justiça, às quais o sintoma se assemelha e se apadrinha.[15]

Assim, o sintoma, tal como podemos entendê-lo na psicanálise lacaniana, é uma resposta incapturável do sujeito a uma injunção do discurso corrente à qual todos deveriam se inclinar, concordar e corresponder; uma resposta contrária à tentativa de "universalizar o sujeito e fazer funcionar um "para todos"... ao preço de uma exclusão, ... a exclusão do impossível de universalizar".[16] Bom, se estamos

14 Tomo esse termo emprestado do título do texto de Viveiros de Castro, apresentado no colóquio "Questões indígenas: ecologia, terra e saberes ameríndios", que aconteceu no Teatro Maria Matos, em Lisboa, no dia 5 de maio de 2017.

15 Safatle, V. (2020). *Maneiras de transformar mundos.* Autêntica.

16 Soler, 1998, p. 258.

falando de impossível, estamos falando de uma das definições de real para Lacan, com a qual os analistas deveriam saber se ocupar:

> *A análise, não sei se vocês estão sabendo, cuida muito especialmente daquilo que não anda; é uma função ainda mais impossível que as outras; mas graças ao fato de que ela se ocupa daquilo que não anda ela se ocupa de algo que precisamos chamar pelo seu nome, e devo dizer que sou ainda o único a ter chamado isso assim e que se chama o real.*[17]

Essa resposta – sintomática, aquilo que não anda, o que Lacan também chamou Real do sintoma[18] – nunca é totalmente desconectada das histórias do sujeito e vem marcar sua resistência, que não temos por que não chamar de política, à injunção do discurso corrente. Logo, o sintoma não pode ser tomado como uma atipia que os analistas deveriam corrigir, é preciso antes e principalmente ratificar seu valor de uso no laço e trabalhar com o sintoma, sem separá-lo de "seus modos de expressão e reconhecimentos sociais, nem dos mitos que constrangem a escolha de seus termos nem das teorias e romances dos quais ele retém a forma e o sentido".[19]

---

17 No original em francês: *L'analyse, je ne sais pas si vous êtes au courant, l'analyse s'occupe très spécialement de ce qui ne marche pas; c'est une fonction encore plus impossible que les autres, mais grâce au fait qu'elle s'occupe de ce qui ne marche pas, elle s'occupe de cette chose qu'il faut bien appeler par son nom, et je dois dire que je suis le seul encore à l'avoir appelée comme ça, et qui s'appelle le réel.* "Coletiva de imprensa do dr. Jacques Lacan no Centro Cultural Francês", em 29 out. 1974. *Textos complementares*. Fórum do Campo Lacaniano de São Paulo, edição não comercial, 2022.

18 Há pelo menos três textos importantes em que se pode encontrar essa formulação: "Radiofonia" (1970), "Televisão" (1974) e "A terceira" (1975).

19 Dunker, C. (2018). Crítica da razão diagnóstica: por uma psicopatologia não-toda (p. 323). In V. Safatle, N. da Silva Junior, & C. Dunker (Orgs.), *Patologias do social: arqueologias do sofrimento psíquico*. Autêntica.

A "comunidade unida pelo pior" foi o laço social possível feito desde o sintoma da imobilidade singular de cada corpo e não haveria por que, nem como, desmontá-lo de saída. Cuidamos do que não anda, isto é certo, mas isso não significa aplicar empuxos para o andar, ação que a parafernália feita pela indústria farmacêutica, ancorada no discurso da ciência, faz com muito mais rapidez ao preço da exclusão do sujeito do inconsciente. E como justificamos nossa aparente indiferença à cura do sintoma? Pelo entendimento de que o que apareceu sob forma de sintoma já trazia em si a potencialidade de um ato revolucionário,[20] em que pesem todas as dificuldades que os sintomas podem colocar na vida de muitos.

Nos casos atendidos em Altamira, a imobilidade era um significante representativo dessa potencialidade do ato revolucionário, um involuntário da Pátria. Mas a que poderia responder ele? À injunção máxima, grafada em nossa bandeira brasileira, "Ordem e Progresso", que se estende a todos os tipos de intervenções empreendidas na região amazônica visando sua colonização e urbanização. Empreendimentos que são feitos em nome do progresso, em nome da marcha, em nome do que "tem que andar", "ir para frente".[21] Queremos dizer com isso que a ideia do avançar, do não poder ficar parado, do progresso, é o ideal que dá sustentação às sucessivas intervenções que vemos ocorrer no norte do país, infelizmente não só lá, desde a luta contra os indígenas, da guerra da borracha, passando pela construção da Transamazônica, por Belo Monte: tudo em nome do Brasil que vai para frente! *Só não é dito com que frente*. Aliás isso nunca é dito, mas basta uma olhadela na história para saber qual é a frente que paga por isso: os mais vulneráveis, os que estão nas bordas, os excluídos, enfim, os que ficam de fora por quem dita o universal de um território, em uma determinada época.

---

20 Lacan, J. (2003). O ato analítico. In *Outros Escritos*. Zahar; Safatle (2020).

21 Vale lembrar o conhecido jingle "Para frente Brasil".

Pois bem, a esse empuxo ao progresso, parte dessa comunidade respondeu com a paralisia, a imobilidade, resposta que tomamos no singular de cada caso durante a escuta, mas que não podemos deixar de ouvir também como uma resposta política maior. É uma resposta equívoca, pois como pode ocorrer uma vida assim, em estado de paralisia? No entanto, naquele momento, ela não deixou de ser uma maneira de denunciar a verdade segundo a qual o sofrimento é ligado à manutenção da situação atual.

Tratar do que não anda é acolher esse sofrimento legitimando-o em sua potencialidade de ato contra a norma vigente, dando voz a esse corpo insubmisso, nas palavras de Dunker: "É preciso reconhecer cada novo sofrimento como invenção e resposta, reconhecimento e resistência, às transformações no horizonte de uma época".[22]

22 Como citado em Safatle, 2020.

Meios para um fim

A experiência da Clínica de Cuidado invocou o poder da escuta como ato político de resistência. Não apenas a escuta psicanalítica, não apenas a escuta da reportagem, mas a escuta que atravessa campos de saber e também corpos. A voz vai passando de um corpo a outro. Por deixar marcas nessa passagem, ganha o nome de transmissão.

Eliane Brum, 2021, p. 295

Chegamos ao fim. E, tão logo escrevo fim, deslizo para finalidade e não posso evitar a pergunta: para que mesmo isto? Buscando contornos para a pergunta, já que respostas tendem ao momentâneo, parto ao resgate do percurso de elaboração deste livro: o começo da partida, seus objetivos, entraves e *diz-soluções*. Lembrei então que a pesquisa que antecedeu este livro não se iniciou com a escrita da dissertação, com a escolha do programa de pós-graduação ou coisa parecida, mas com a participação no projeto da Ilana Katz – *Refugiados de Belo Monte: um projeto de intervenção e documentação do sofrimento*. Invenção descabida – atender ribeirinhos na Amazônia brasileira? Oi? –, que foi passando de um a outro até encontrar seu lugar dentre tantos outros que apoiaram financeiramente o projeto e mais alguns outros que foram até Altamira dar sua escuta. Invenção descabidamente orientada pela psicanálise, não a dos consultórios pomposos dos filmes, novelas e grandes centros, mas por uma psicanálise que entende que pode dar esteio ao que chamamos atenção à saúde mental, dentro de uma lógica não regida pelo neoliberalismo, esta que preza por uma produção sem limites ao custo, justamente, da saúde mental.

Em janeiro de 2017, o descabido coube e acabei por integrar a equipe que se deslocou até Altamira para atender aqueles que Eliane Brum bem nomeou "refugiados em seu próprio país", a população ribeirinha afetada pela construção da hidrelétrica de Belo Monte. Nessa ocasião, atendemos, escutamos, choramos e rimos juntos, escrevemos.

Foi sobre essa escrita que me debrucei no mestrado com a suspeita de que os casos clínicos poderiam demonstrar os efeitos operados nos sujeitos atendidos, que à equipe eram nítidos, legitimando tanto a intervenção quanto a importância do caso clínico como instrumento de transmissão da clínica psicanalítica que se dedica a tratar do sofrimento advindo da dimensão sociopolítica de mais um dos inúmeros descasos brasileiros.

Neste relato da experiência da Clínica do Cuidado – que se assemelha ao testemunho e se quer inspirador de outros trabalhos de intervenções em situações análogas às vividas em Altamira –, organizei uma trama que foi sendo feita, desfeita e refeita de acordo com os nós encontrados na tessitura do texto. Foi assim que se depreendeu da apresentação das estratégias da Clínica do Cuidado – pesquisa de campo, curso capacitante, formação da equipe, configuração dos atendimentos e escrita do caso clínico, pensadas desde o ponto de vista psicanalítico – a conclusão de que a maneira como foi concebido o dispositivo é indissociável do que ele pode produzir. A noção de discurso em Lacan,[1] enquanto categoria que engendra a história, o desenvolvimento e a memória que os atos de linguagem criam sobre si mesmos, nos auxiliou na *diz-posição* de fazer um mesmo acontecimento dar lugar a outros discursos em que formulações podiam ser recriadas fazendo surgir realidades diferentes daquelas às quais encontramos assujeitados nossos pacientes por ocasião da intervenção. Que os atendimentos tenham primado por se manterem dentro do discurso analítico nos parece óbvio dentro de uma intervenção que se pretenda psicanalítica, no entanto, é menos óbvio que a própria concepção do dispositivo tenha se firmado dentro desse mesmo discurso nas escolhas necessárias à sua implementação.

Nesse sentido, da trama histórica dada pelo "Contexto" (Capítulo 1), em que a implementação do dispositivo se deu, surgiu o "Texto dos casos" (Capítulo 3), não sem o enlaçamento pela Escrita do Caso Clínico" (Capítulo 2) como ferramenta de transmissão do saber analítico. A partir do desenvolvimento desses três capítulos, uma análise dos dados clínicos pode ser feita em termos de "Movimentos clínicos, atos políticos (Capítulo 5), análise também possibilitada pela extração da figura paradigmática "refugiado em seu próprio país" do coletivo dos casos, que se deu através da construção do método no Capítulo 4 "Combinação do universal e do único".

Do Contexto retiramos o fato de que qualquer intervenção que vise um território deve se aprofundar no contexto social e histórico desse mesmo território, uma vez que o clínico tem que ser capaz de ler o contexto discursivo no qual o sujeito fala, ou seja, deve estar a par das decorrências dos discursos sociais que envolvem sujeitos tornados, muitas vezes, não mais que dejetos. Chegar neste território com as "pontas dos pés", como nos ensinou Eliane Brum, é cuidado

1 Lacan, J. (2003). Proposição de 9 de outubro de 1967. In *Outros escritos*. Zahar.

primeiro para evitar a posição de colonizadores, risco sempre presente quando se leva em conta o caráter estrangeiro daqueles que saíram da Universidade de São Paulo para a Amazônia. Chegar nesse território com as pontas dos pés significa escutar a língua do outro, querer aprendê-la e não impor a nossa, permeada por uma cultura e uma modo de vida muito diferente da amazônica; significa, como nos ensinou Freud, deixar o julgamento em suspenso e, acima de tudo, lembrar a todo instante que o saber sobre o sofrimento está do lado sujeito que nos fala e não do lado do clínico; significa, por fim, reconhecer e contar com os movimentos sociais que ali atuavam e com os quais os ribeirinhos puderam se apoiar na catástrofe antrópica que os abateu.

Desde essa posição estrangeira, mas não colonizadora, verificamos que o lamento e a dor dos atingidos tendiam a se perenizar através dos anos, em uma fixação discursiva em torno do sofrimento social provocado pelos diversos fatores que engendram deslocamentos desse tipo, em um luto nunca finalizado. Apostamos que essa fixação discursiva poderia – com a aplicação de certa plasticidade no que diz respeito ao número e ao tempo das sessões, ao local de atendimento, à transferência e à demanda –, no encontro com o clínico e através do desejo e do discurso do analista, retirar do sujeito aí mergulhado algum movimento de vida.

Tal movimento, quando houve, se solta das linhas dos textos dos casos clínicos e, quero crer, se transmite ao leitor. Essa transmissão não é desconhecida por aqueles que são versados na obra freudiana e marca mesmo a função e o lugar do caso clínico na psicanálise. Sendo ele não um exemplo, mas um problema de pesquisa, que segue a estrutura clínica da psicanálise e seu método de investigação, com seu caráter ficcional aí adjunto, como encontramos nas construções ocorridas em análise, em que a verdade se apresenta em estrutura de ficção. Verdade que possibilitou – a histeria é sempre o melhor exemplo disso – e possibilita que um caso clínico inscreva na cultura de um dado lugar e tempo um sofrimento que não estava sendo reconhecido por esta, alcançando a dimensão sociopolítica que a clínica pode portar.

A entrada nos textos dos casos clínicos me colocou desafios de pesquisa frente à tarefa de transmiti-los à comunidade acadêmica. Christian sempre dizia: "mexer em casos clínicos é sempre um pepino, mas tem que ser feito". Ele tinha razão. Tão logo cheguei aos casos já não era possível saber qual metodologia seria mais adequada para a quantidade de casos que tínhamos em mãos e como adentrá-los, ou seja, um pepino. Operar a partir do caso único é estratégia comumente utilizada em psicanálise na tentativa de iluminar as fronteiras entre o particular e o coletivo, mas por algum motivo ela não me foi satisfatória. Suspeito que esse motivo se articula com a pergunta feita acima: para que mesmo isto? Me retorna agora uma fala de Ilana: "passar esses casos, fazer com eles outra escrita, singularizados e despessoalizados para que essa história, dessa época, seja contada. Rodamos 2.600 km de carro e muitos outros de voadeira pelo rio. Mas, rodar mesmo é fazer isso que registramos, passar".[2] Para que mesmo isto? Para "passar".

E assim a operação adentrar os casos me tomou dois capítulos:

No primeiro deles os casos foram separados, escolhidos e apresentados segundo o recorte cartográfico dos significantes do sofrimento, colhido ainda na pesquisa de campo, o que me levou, primeiro, à função de passador como peça integrante do dispositivo do passe, essa máquina de fazer passar o testemunho de uma experiência desenhada por Lacan. Em nosso caso, essa função foi mesclada à

2 Katz, I. (2019). A clínica do cuidado: intervenção com a população ribeirinha do Xingu atingida por Belo Monte (p. 34). In E. Broide, & I. Katz (Orgs.), *Psicanálise nos espaços públicos*. IPUSP, 22-37.

função do leitor, como ela se encontra em Barthes,[3] uma vez que se tratava de ler os casos; e depois, no decorrer mesmo dessa leitura, a escrita do caso foi sendo decomposta e sublinhada na tentativa de transmitir tanto a condição de sofrimento psíquico dos ribeirinhos quanto a feitura do trabalho junto à população atendida.

No segundo deles, a proposição de Agamben[4] sobre o hiato existente entre o universal e o único foi utilizado para extrair da figura "refugiado em seu próprio país" um paradigma do acontecimento presente e atual no mundo. Defendi a ideia de que essa figura hiperlocalizada, nascida às margens do Rio Xingu, na Amazônia brasileira, contextualiza o saldo negativo do desenvolvimento do capitalismo, qual seja, estarmos privados de terra e sem uma nova orientação política que possa fazer frente à orientação vigente – de genocídio, exploração, expropriação e consumo acelerados de bens que não se renovam nessa velocidade.

Essa composição me possibilitou analisar os dados em termos de Movimentos Clínicos, dissecando algumas *intervenções em que se sobressaem a preservação da dimensão da perda como diferencial clínico da psicanálise e seu possível resultado*. Bem como atentar para o Ato Político envolvido no sentido do sintoma coletivo da imobilidade como significante representativo da resistência política dessa população, esse sintoma era um "involuntário da pátria".

Neste pequeno apanhado do percurso, percebo que trabalhamos sem satisfazer-nos com a repetição automática do relato do trauma do sujeito, embora o acolhendo; sem nos seduzir pelos relatos feitos para o deleite dos profissionais da cidade grande, embora aproveitando-nos desse suposto saber depositado em nós para que o sujeito pudesse encontrar alguma saída para o mal-estar em que estava. Vários foram

3 Barthes, R. (2012). *O rumor da língua*. WMF Martins Fontes.

4 Agamben, G. (2013). *A comunidade que vem*. Autêntica.

os casos atendidos em que o sujeito pôde ir mais além do lugar onde se via colocado, pois a própria exposição das ilusões que sustentavam sua posição surtia efeito nela, conferindo-lhe ao menos a possibilidade de questionar a organização social em que estava.

Freud construiu seu legado a partir dos impasses que surgiram e, sem preguiça, reformulou até o fim de sua vida as concepções que acreditava estarem enganadas. Ensinou-nos, com isso, que a escuta e a interpretação do sujeito do desejo dependem do saber que está no sujeito, ainda que ele não saiba que o tem, saber que se produz na relação dita transferencial. Desde aí, nos ensinou também que o analista escuta o sofrimento sem querer eliminá-lo e que isso pode criar uma nova posição no sujeito, uma vez que dessa escuta não se sai desatarefado: uma tomada de posição é necessária. As situações com as quais um psicanalista se depara supõem que se escute de um lugar que transgrida os limites de um sujeito nomeado a partir de seus predicados psicológicos ou sociológicos. Se o lugar do analista é estar a serviço da questão que se apresenta, dentro dos fenômenos sociais que incluem as subjetividades de seu tempo, acredito que cumprimos nossa tarefa.

E ao cabo desta minha tarefa aqui me dou conta de que a experiência de atuar dentro da Clínica do Cuidado foi extremamente formativa, despertando minha escuta de uma maneira surpreendente e, após o aprofundamento no material de pesquisa, não tenho dúvidas de que esse despertar proveio de dois campos: a pressão do tempo (quinze dias de atendimento) e o fato de que as pessoas que escutei eram muito diferentes de minha clínica cotidiana, o que favoreceu o reencontro com o que mais importa nesta clínica que pratico: *a escuta a partir de um não saber*. Esse reencontro renovou minha aposta na prática analítica por evidenciar que só se pode operar como analista a partir desse não saber, ou seja, a partir de um lugar onde se sustenta em aberto a pergunta que o paciente se faz sobre seu sofrimento, esperando que suas memórias e associações lhe tragam uma resposta possível.

Estar na posição radical de não-saber, aberto ao imprevisto, mudou a relação com a clínica de cada um dos integrantes da equipe, já que "as incertezas pairavam" na maior parte do tempo, nós também não saímos desatarefados. Mesmo dentre aqueles que trabalhavam fora da clínica dita convencional, em lugares diferentes e com populações diversas, encontrar-se em um local sem a prática da psicanálise, ou a cultura do inconsciente, foi encontrar-se em outro tempo, na qual a potência da psicanálise mostrou toda a sua força e subversão com a possibilidade de escuta de um sujeito.

A experiência em Altamira interrogou-nos incisivamente, provocando rupturas que promoveram movências: alguns voltaram à análise e/ou trocaram de analistas, outros foram fazer mestrados, doutorados e envolveram-se mais ainda em suas *de-formações* analíticas. Prova de que, ainda que findado o projeto, turbilhão de dúvidas se fizeram e a certeza de que não estávamos mais no mesmo lugar de antes. Nesse sentido, grifo a importância de trabalhos que desacomodem a posição preestabelecida do analista, expandindo as possibilidades de atuação do discurso analítico na atualidade, principalmente com populações vulneráveis, marcadas pelo traço da exclusão.

Muitas vezes fui interrogada sobre a continuidade do trabalho naqueles que tivemos a honra de escutar, quais foram suas ressonâncias, seus desdobramentos após a finalização dos encontros com os clínicos. O interesse nesta questão é imenso, mas fato é que não temos como saber, já que a intervenção se limitava aos quinze dias propostos e não previa seguimento nos atendimentos. No entanto, temos notícias de que um outro lugar para o sofrimento parece ter sido inscrito em parte dessa população. Acreditamos que essa inscrição se deu pelo lugar do analista como alguém que saberia fazer outra coisa com o sofrimento, primeiramente porque o computa como dano, o diferenciando dos danos coletivos causados pela instalação de Belo Monte, além de legitimá-lo como acontecimento desmedicalizado. Essas notícias nos chegaram através de algumas demandas do território, desde pareceres técnicos para colaborar, junto ao Ibama e ao Ministério Público, com decisões importantes como a renovação da Licença de Operação de Belo Monte; demandas de atendimento para casos de tentativas de suicídio entre adolescentes, que foram acolhidas pelo Núcleo de Trabalhos Terapêuticos (NETT) – coletivo de analistas que também atende, de maneira online, militantes de movimentos sociais da região de Altamira; e até uma assessoria para o projeto Aldeias, cujo objetivo é estimular, por meio da arte e da educação, as trocas de saberes, o convívio social e o ambientalismo na população atingida pela construção da Usina Belo Monte, atuando principalmente com os jovens.

E, embora o fim estivesse colocado de início junto aos escutados, o projeto "Refugiados de Belo Monte: um projeto de intervenção e documentação do sofrimento" previa uma continuidade: um documento testemunhal, elaborado por Eliane Brum a partir de diferentes construções clínicas, documento este que está em andamento e pretende compor uma forma de preservação pública da memória comunitária através das narrativas de sofrimento, unindo-se a iniciativas como a do livro monumento *Arrastados: os bastidores do rompimento da barragem de Brumadinho, o maior desastre humanitário do Brasil* (2022), de Daniela Arbex.

Essa iniciativa nos lembra que, antes de ser um caso isolado, Belo Monte faz parte das cerca de 150 usinas hidrelétricas integradas ao Sistema Interligado Nacional (SIN), o que significa mais de 1 milhão de pessoas expulsas de suas terras de acordo com o Movimento dos Atingidos por Barragem. Está aí mais uma finalidade deste trabalho, transformado em livro, um meio de *convers-ação* com a perda da história e da memória que engendram novas repetições, tão conhecidas no Brasil afora. É preciso que Belo Monte inscreva seu sofrimento incorporando-o às análises que corroboram para as decisões públicas, servindo de lição para que essa repetição tenha ao menos alguma chance de cessar.

Posfácio

Depois

Escutar a passagem

Contamos mais de oito anos desde aquele janeiro de 2017 quando a equipe da Clínica do Cuidado pousou em Altamira. Durante os quinze dias que acordamos ali, antes do sol chegar você e eu andamos na beira do rio. Hoje entendo que juntávamos as perguntas, Lu.

Seu texto que nos testemunha veio depois, na forma desta palavra que você encontrou com a Carla Rodrigues: *textemunho*, nome bom para dizer do que você fez ao escrever a Clínica do Cuidado.

Passados tantos anos já somos outra coisa: você e eu, nós, entre comuns que, de lá pra cá, e nunca sem lá, tecem nossa amizade. Sete anos depois, tudo já é outra coisa: a crise climática se impõe violenta sobre o que, para muitos outros, era possível *desver* naquele 2017. Aqui está o futuro para contar que em Altamira acontece primeiro: entre as secas e as chuvas, o destempero e a calamidade gritam que está muito difícil ao humano habitar o planeta que consome. No presente, no passado (eu gosto dessa polissemia para falar do que foi feito com os testemunhos dos ribeirinhos que colhemos) e no incerto futuro, Altamira, Pará, Amazônia continuam informando o óbvio *devisto*: é radicalmente necessário compreender as relações profundas do sujeito com o território, do território com os mundos, e na volta, dos mundos com o sujeito que vive na margem do Xingu encarnado nesse laço que a palavra socioambiental tenta dizer.

Nesse novo agora, na oportunidade de falar depois do seu livro, livro este que faz depois praquela nossa presença como psicanalistas com os ribeirinhos em Altamira, escuto que você abre pelos menos duas perspectivas de leitura para o que se sucedeu. Tem o que aconteceu na e com a nossa relação com a psicanálise, e tem o que se movimentou no território. Obviamente, nem você com seu livrão, nem eu, nesta cartinha, pretendemos ou podemos interpretar e analisar todo o movimento da psicanálise brasileira desde então, e, muito menos, assumimos o compromisso de ler a totalidade do complexo jogo de forças que tece aquele território.

Entre o tanto e a coisa nenhuma, tem o possível que se teceu: ao fazer aparecer os elementos mínimos e suficientes para uma psicanálise acontecer, seu livro é também um curso de psicanálise. Sua escuta decantou dos casos a associação livre, a atenção flutuante e a transferência como o suficiente para uma psicanálise acontecer. Entre esses, e com esses, penso que vale destacar o desejo de analista como o operador de uma ética que sustenta a clínica em direção ao seu mínimo denominador comum, e que nos obriga a interrogar possíveis confusões que fazemos dos eixos táticos e estratégicos com a política da psicanálise.

Experimentamos a invenção de táticas e o manejo de estratégias na clínica em direção à política de uma psicanálise que propõe uma discussão do poder. *A escrita da escuta da escrita* dos casos que encontramos aqui dá *passagem* para essa ordem fundamental do nosso fazer: caminho de separação de termos alienantes do discurso no qual o sujeito está inserido em direção a sua emancipação. Com o corpo na jogada (e haveria outro jeito?) aprendemos. É isso aí, a política nos fez essa dobra: desejo do analista e corpo na jogada. Advertidos desde então, com ela seguimos para o depois.

Nesse curso de psicanálise há algo que ainda precisa ser dito: tudo isso que você escreveu aqui aconteceu sem que o pagamento das sessões fosse feito pelas pessoas que atendíamos. Sim, precisamos de dinheiro para fazer isso acontecer, fomos financiados e você já explicou como, mas entre os clínicos e os atendidos não havia dinheiro. Você não contou o pagamento entre os elementos mínimos que sustentam a possibilidade de uma psicanálise.

A gente sabe que o dinheiro na clínica tem sua função, e que talvez possa se resumir a prerrogativa de, do lado do analisante, pagar para não dever, e do lado do analista receber para não cobrar. Mas também é verdade que, sendo esse o nosso ofício, receber serve para financiar a vida no mundo do capital.

Lu, lembra que, em uma das viagens de estudo de campo, a Cassia voltou de um atendimento contando que uma ribeirinha lhe havia perguntado, meio indignada, "*vocês usam dinheiro todo dia?*". Houve uma ribeirinha para nos avisar de saída que, no encontro com um modo de vida outro, é obviamente necessário considerar suas formas de ordenação simbólica. De volta e depois do que nos foi possível fazer acontecer ali, já não nos é mais possível entender o dinheiro como regulador incontornável da relação analítica. Isso você passou sem dizer.

Ainda sobre o que se *a-colhe* na escrita, de modos de vida no plural, foi preciso não forçar o caso típico, afinal (você transmite o que vivemos) não foi possível encontrar o caso tipo, a clínica é um desfazer conjunto. Com a pesquisa do André Nader, cuidante como nós, você achou mais um nome, o exemplo qualquer fez trabalhar "a combinação do universal com o único (*enzieger*) e o singular (*einzeln*)".

Então, na escrita dos casos, com tudo isso, apareceu que o manejo tornou possível dar lugar a uma *desidentificação* que não destituiu pertencimento, a uma ordenação de separação do ideal que propôs uma outra posição do sujeito diante do impossível. E essa subversão foi nosso ponto fundamental. Em outro texto o Christian e eu escrevemos que ao instabilizar o par significante S1-S2, e fazer vacilar o saber, ocorre que o S1 ganha condição de acontecer em sua relação ao *objeto a*, esse signo da singularidade que lhe permite escapar da alienação ao Outro. Mas você disse melhor: "Esse parece ter sido o uso do encontro com a clínica do cuidado: achar no discurso da luta os termos que falam de si". A figuração do "refugiado em seu próprio país" que Eliane propõe como um analisador da atualidade, encontra voz no caso clínico: os casos dizem disso, cada um a sua maneira.

Na conclusão desse curso que aqui tem lugar, entendemos que a escrita do caso clínico pode narrativizar o impacto Belo Monstro e isso, você diz, e eu vou fazer você dizer de novo aqui, pode "restituir ao espaço público, através da documentação da história contada dessas pessoas, um sofrimento não reconhecido por este, dando a conhecer também a dimensão política que a clínica pode portar."

Se fosse apenas sobre pensar a psicanálise e o que aprendemos como analistas em Altamira, poderíamos ficar por aqui. Não dá pra dizer que você "fechou com chave de ouro", porque não se trata de fechar, nem de ouro. Vamos dizer como aprendi no Micélio: você abriu com "chave de floresta".

Dessa abertura, sete anos depois, a gente vê uma Altamira muito diferente. Os efeitos de se fazer "o centro de um mundo sem centro" seguem. Voltei muitas vezes para lá, você sabe, em todas elas fui recolhendo a impressão de que a ideia de sofrimento, ali, já era diferente da que conheci nas primeiras vezes. Não era mais preciso conversar com as pessoas de modo a fazer aparecer a nomeação do sofrimento na articulação entre as experiências vividas na relação com o corpo e com o território. Além das conversas que pude ter com os ribeirinhos que escutamos na Clínica do Cuidado, um outro movimento também permite sustentar essa hipótese. Lideranças locais buscam intervir sobre experiências de sofrimento psíquico. Isso acontece, por exemplo, quando Daniela Silva desenha o Aldeias, um dispositivo de intervenção com as crianças da periferia urbana de Altamira que, negligenciadas pelo estado, experimentam o desinvestimento na forma do encurtamento da sua possibilidade de futurar. Isso acontece quando Antônia Melo, uma das maiores guerreiras do Médio Xingu, à frente do movimento Xingu Vivo para Sempre, me chama, pedindo atendimento clínico para pessoas que ela entendia que precisavam falar. Foi ela, a Antônia, que, no nosso último dia de Clínica do Cuidado em Altamira, levou para cada um de nós uma aliança de coco, marcando nosso laço com a floresta. Em 2021, Altamira vivia uma onda de suicídios em série, e ela queria contar com dispositivos de escuta do sofrimento para cuidar das pessoas. O NETT, Núcleo de Estudos e Trabalhos Terapêuticos, assumiu essa tarefa, e segue escutando as pessoas encaminhadas pelo movimento social local.

Esses, entre outros exemplos, parecem mostrar que a experiência de sofrer não está simplesmente condenada ao achatamento que encontramos ali quando era interpretada pela via exclusiva da doença biológica, como você descreveu no início do livro, Lu. As pessoas, escuto, perguntam-se, inclusive, sobre a relação da sua suposta doença com sua experiência. Ouso dizer que participamos disso, que a intervenção da Clínica do Cuidado é um elemento dessa construção.

Na causa dessa construção, a gente sabe, tem a Eliane Brum, que, ao fazer o pedido do cuidado, que ainda não tinha esse nome, mas que era, antes de tudo, um convite delicado para entrar num campo que lhe é precioso, abriu comportas, *descomportando* nossa relação com tudo isso que a gente chama psicanálise. Ela, que cada vez mais me encoraja a seguir fazendo palavras para contornar os acontecimentos, e que nos levou para fazer acontecer a intenção da psicanálise, ou seja, a sua extensão.

E tem o Chris, que nos fez lugar, a cada vez. Que se (em)prestou com o corpo na jogada, fazendo acontecer os porquês da universidade pública no seu gesto. Este gesto que se estende do meu pós-doc (que ganhou lugar no bom nome da extensão universitária) ao seu mestrado, que é livro, e que, nós duas sabemos, foi imprescindível para que entendêssemos, na carne e no osso, a potência da relação com o impossível.

E depois, o que fazer com o que vivemos?

Entendi que escrever foi a sua resposta. A imobilidade que escutamos, tratada, em mais uma volta, com a escrita que dá passagem.

Em algum momento eu disse, e você me recortou, e repetiu para me fazer ouvir que "passar esses casos, fazer com eles outra escrita, singularizados e despessoalizados [seria necessário] para que essa história, dessa época, fosse contada. Rodamos 2.600 km de carro e muitos outros de voadeira pelo rio. Mas, rodar mesmo é fazer isso que registramos, passar."

Lu, você é a passadora da Clínica do Cuidado.

Você esteve lá e depois escreveu e mexeu em tudo que foi escrito sobre a Clínica do Cuidado: os textos, os casos, os relatórios, tem a letra de todos nós nesses papéis. Você mexeu em todos os papéis!

Nesse seu mover, finalmente entendi o que quer dizer *fazer* o passe: algo se conjuga no gesto de passar pra alguém. *Passar* é verbo transitivo, faz transitar. Fazendo passar, separa-se o passado daquilo que fica para trás: o que é passado não é só o passado, há porvir. Apostamos: a comunidade que vem.

Passa aqui uma clínica para pensar a época dos "refugiados em seu próprio país", que aponta para uma época em que é preciso insistir em pensar a clínica.

E aqui estamos, junto. Me digo, mais uma vez: tem no cuidado uma estratégia de luta.

Passada, atingida e abrigada no seu fazer, subescrevo.

Ilana Katz
Outono de 2024

Referências

Abramovay, R. (2019). *Amazônia – Por uma economia do conhecimento da natureza*. Elefante.

Agamben, G. (2008). *O que resta de Auschwitz: o arquivo e a testemunha*. Autêntica.

Agamben, G. (2010). *Homo sacer: o poder soberano e a vida nua I* (2a. ed.). Editora UFMG.

Agamben, G. (2013). *A comunidade que vem*. Autêntica.

Agamben, G. (2015). *Meios sem fim: notas sobre a política*. Autêntica.

Agamben, G. (2019). *Signatura rerum: sobre o método*. Boitempo.

Alabedm B. (2018). *Querido mundo: a história de guerra de uma menina síria e sua busca pela paz*. BestSeller.

Barthes, R. (2012). *O rumor da língua*. WMF Martins Fontes.

Beer, P., & Oliveira Obliziner, P. (2020). Apresentação do Dossiê: Movimentos sociais, sofrimento e conflito: por uma escuta que potencialize a luta. *Revista Desenvolvimento Social*, *26*(2), 3-10.

https://www.periodicos.unimontes.br/index.php/rds/article/view/3641/3446

Benjamin, W. (1994). O narrador: considerações sobre a obra de Nikolai Leskov. In *Obras escolhidas: Magia e Técnica, Arte e Política* (pp. 197-221). Brasiliense.

Berta, S. L. (2015). Localização da urgência subjetiva em psicanálise. *A Peste: Revista de psicanálise e sociologia e filosofia, 7*(1), 95-105. http://revistas.pucsp.br/apeste/article/view/30462

Birman, J. (2019). *Cartografias do avesso: escrita, ficção e estéticas de subjetivação em psicanálise*. Civilização Brasileira.

Braga, G. B., Fiúza, A. L. C., & Remoaldo, P. C. A. (2017). O conceito de modo de vida: entre traduções, definições e discussões. *Sociologias, 19*(45), 370-396. https://seer.ufrgs.br/index.php/sociologias/article/view/65878

Braun, D., & Rebasa, S. (2013). *Cómo lee un psicoanalista: Sugestión, transferencia, interpretación*. Letra Viva.

Broide, E. (2017). *A supervisão como interrogante da práxis analítica – desejo de analista e transmissão da psicanálise*. Escuta.

Brum, E. (2021). *Banzeiro òkòtó: uma viagem à Amazônia Centro do Mundo*. Companhia das Letras.

Carpentiers, N. (1998). *La lecture selon Barthes*. L'Harmattan.

Carvalho, S. (2020). O caso paradigmático e a nosologia estrutural. In A. Teixeira, & M. Rosa (Eds.), *Psicopatologia lacaniana. Vol. 2 – Nosologia* (1a. ed., 1a reimp.). Autêntica.

Castro, V. (2017). Os Involuntários da Pátria. *ARACÊ – Direitos Humanos em Revista, 4*(5), 187-193. https://edisciplinas.usp.br/pluginfile.php/4865765/mod_resource/content/1/140-257-1-SM.pdf

Checchia, M. (2015). *O poder e a política na clínica psicanalítica*. Annablume.

Chiantaretto, J-F. (1999). *L'écriture de cas chez Freud*. Economica.

Cottet, S. (2005). A aceleração dos efeitos terapêuticos em psicanálise. In T. C. dos Santos (Ed.), *Efeitos terapêuticos na psicanálise aplicada*. Contracapa Livraria.

Danto, E. A. (2019). *As clínicas públicas de Freud: psicanálise e justiça social 1918-1938*. Perspectiva.

De Francesco, A., Freitas, A., Baitello, C., & Graça, D. S. (2017a). História de ocupação do beiradão no Médio Rio Xingu. In S. Magalhães & M. Cunha (Orgs.), *A expulsão de ribeirinhos em Belo Monte*. Sociedade Brasileira para o Progresso da Ciência – SCPC.

De Francesco, A., Freitas, A., Baitello, C., & Graça, D. S. (2017b). O deslocamento forçado de ribeirinhos em Belo Monte. In S. Magalhães & M. Cunha (Orgs.), *A expulsão de ribeirinhos em Belo Monte*. Sociedade Brasileira para o Progresso da Ciência – SCPC.

Dunker, C. I. L. (2011). *Estrutura e constituição da clínica psicanalítica: uma arqueologia das práticas de cura, psicoterapia e tratamento*. Annablume.

Dunker, C. I. L. (2015). *Mal-estar, sofrimento e sintoma*. Boitempo.

Dunker, C. I. L. (2016). *Por que Lacan?* Zagodoni.

Dunker, C. I. L. (2018). Crítica da razão diagnóstica: por uma psicopatologia não-toda. In V. Safatle, N. da Silva Junior, & C.

Dunker, C. I. L. (2019). Teoria do luto em psicanálise. *Revista Psico-FAE: Pluralidades em Saúde Mental*, *8*(2), 28-42. https://revistapsicofae.fae.edu/psico/article/view/226

Dunker, C. I. L. (2021). *Sonhos confinados: o que sonham os brasileiros em tempos de pandemia*. Autêntica.

Dunker, C. I. L., Assadi, T. C., Bichara, M. A., Gordon, J., & Ramirez, H. H. A. (2002). Romance policial e a pesquisa em psicanálise. *Interações, 7*(13), 113-126.

Dunker, C. I. L., & Katz, I. (2017). Impressões e considerações sobre a formação do Conselho Ribeirinho. In *Relatório de reconhecimento social*.

Dunker, C. I. L., & Katz, I. (2020). Clínica do cuidado: estrangeiridade, estrangeiro e estranhamento. *Calibán: Revista Latino-Americana de Psicanálise, 18*(1), 38-59.

Dunker, C. I. L., Paulon, C., & Milán-Ramos, J. G. (2016). *Análise psicanalítica de discursos: perspectivas lacanianas*. Estação das Letras e Cores.

Dunker, C. I. L., Ramirez, H., & Assadi, T. (2017). *A construção de casos clínicos em psicanálise: método clínico e formalização discursiva*. Annablume.

Dunker, C. I. L., & Ravanello, T. (2017). Gênero e forma literária: considerações sobre a estrutura ficcional dos casos clínicos em psicanálise. *Cadernos de Psicanálise | CPRJ, 39*(36), 87-102.

Dunker (Orgs.), *Patologias do social: arqueologias do sofrimento psíquico* (pp. 317-351). Autêntica.

Dumézil, C., & Brémond, B. (2010). *L'invention du psychanalyste. Le trait du cas*. Érès.

Durão, F. A. (2011). Do texto à obra. *Alea: Estudos Neolatinos, 13*, 67-81.

Endo, P. (2013). Pensamento como margem, lacuna e falta: memória, trauma, luto e esquecimento. *Revista USP, 98*. http://www.revistas.usp.br/revusp/article/view/69224/71688

Faye, G. (2018). *Meu pequeno país*. Editora Radio Londres.

Favaretto, C. M. R. (2013). O futuro anterior: Giorgio Agamben e o método paradigmático. *Cadernos de Ética e Filosofia Política, 2*(23), 109-125.

Fédida, P., & Villa, F. (Orgs.). (1999). *Le cas en controverse*. Puf.

Fender, W. D. (2018). *Momento de construir: a construção do caso clínico em psicanálise* (Dissertação de Mestrado). Instituto de Psicologia, Universidade de São Paulo.

Figueiredo, A. C. (2004). A construção do caso clínico: uma contribuição da psicanálise à psicopatologia e à saúde mental. *Revista Latino-Americana de Psicopatologia Fundamental, 7*(1), 75-86. https://doi.org/10.1590/1415-47142004001006

Fingermann, D. (2015). Laços e desenlaces: reviravoltas na clínica psicanalítica. *Stylus: Revista de Psicanálise*, (31), outubro. Associação Fóruns do Campo Lacaniano.

Flusser, V. (2007). *Bodenlos. Uma autobiografia filosófica*. Annablume.

Franco, F. L. (2021). *Governar os mortos: necropolíticas, desaparecimento e subjetividade*. Ubu.

Freud, S. (1976). Linhas de progresso na terapia psicanalítica (J. O. A. Abreu, Trad.). In J. Salomão (Org.), *Edição standard brasileira de obras completas de Sigmund Freud* (Vol. XVII, pp. 199-211). Imago.

Freud, S. (1980). Sobre o início do tratamento (Novas recomendações sobre a técnica da psicanálise I) (J. O. A. Abreu, Trad.). In

J. Salomão (Org.), *Edição standard brasileira de obras completas de Sigmund Freud* (Vol. XII, pp. 163-187). Imago.

Freud, S. (1986). A etiologia da histeria. In *Obras psicológicas completas* (Vol. III, pp. 177-203). Imago.

Freud, S. (1989). Fragmento da análise de um caso de histeria. In *Obras psicológicas completas* (Vol. VII, pp. 12-107). Imago.

Freud, S. (2017). Construção na análise. In *Obras incompletas de Sigmund Freud: Fundamentos da clínica psicanalítica* (Vol. 6, pp. 365-381). Autêntica Editora.

Freud, S. (1905/2017). O chiste e sua relação com o inconsciente. In *Obras Completas* (Vol. 7). Companhia das Letras.

Freud, S. (2021). Análise de uma fobia de um menino de cinco anos. In G. Iannini (Org.), *Histórias Clínicas – Cinco casos paradigmáticos da clínica psicanalítica*. Autêntica.

Gebrim, A. C. C. (2018). *Psicanálise no front: a posição do analista e as marcas do trauma na clínica com migrantes* (Tese de Doutorado). Instituto de Psicologia, Universidade de São Paulo.

Gleich, F. (2019). Do silêncio ao testemunho: uma história de Belo Monte. *Intercambio Psicanalítico, 7*(1).

Honda, H. (2011). Entre ficcionalidade e objetivismo: o caso clínico como locus de elaboração conceitual do material fatual. *Revista Filosofia Aurora, 23*(33), 329-343. https://periodicos.pucpr.br/index.php/aurora/article/view/1537

Katz, I. (2019). A clínica do cuidado: intervenção com a população ribeirinha do Xingu atingida por Belo Monte. In E. Broide, & I. Katz (Orgs.), *Psicanálise nos espaços públicos* (pp. 22-37). IP/USP. http://newpsi.bvs-psi.org.br/eventos/Psicanalise_espacos_publicos.pdf

Katz, I., & Dunker, C. (2019). Clinique du soin aux bords de la rivière du Xingu: Une intervention psychanalytique auprès de la population riveraine atteinte par Belo Monte. https://www.cairn.info/revue-research-in-psychoanalysis-2019-1-page-49.htm?contenu=article

Kehl, M. R. (2006). Tempo e narrativas. In A. Costa, & D. Rinaldi (Orgs.), *Escrita e psicanálise*. Cia de Freud: UERJ.

Kehl, M. R. (2018). *O bovarismo brasileiro: ensaios*. Boitempo.

Krenak, A. (2019). *Ideias para adiar o fim do mundo*. Companhia das Letras.

Krenak, A. (2020). *A vida não é útil*. Companhia das Letras.

Kristeva, J. (2012). *Introdução à Semanálise*. Perspectiva.

Kohn, M. (1999). Acte narratif et cas. In P. Fédida, & F. Villa (Orgs.), *Le cas en controverse* (p. 51). Puf.

Lacan, J. (1967). *O ato psicanalítico - Seminário 1967-1968*. Escola de Estudos Psicanalíticos. Edição não comercial.

Lacan, J. (1973). *Intervenção na sessão de trabalho "Sobre o Passe"*. Inédito.

Lacan, J. (1992). *O seminário, livro 17: o avesso da psicanálise 1969-1970*. Zahar.

Lacan, J. (1995). *O seminário, livro 4: a relação de objeto*. Zahar.

Lacan, J. (1997). Um procedimento para o passe. *Opção Lacaniana, 18*.

Lacan, J. (1998). A direção do tratamento e os princípios de seu poder. In *Escritos* (p. 591). Zahar.

Lacan, J. (1998). Função e campo da fala e da linguagem em psicanálise. In *Escritos*. Zahar.

Lacan, J. (1998). *O seminário: livro 11: os quatro conceitos fundamentais da psicanálise*. Zahar.

Lacan, J. (1999). *O seminário, livro 5: as formações do inconsciente*. Zahar.

Lacan, J. (1999). *O seminário, livro 6: o desejo e sua interpretação*. Zahar.

Lacan, J. (2003). A psiquiatria inglesa e a guerra. In *Outros Escritos*. Zahar.

Lacan, J. (2003). O ato analítico. In *Outros Escritos*. Zahar.

Lacan, J. (2003). O Aturdito. In *Outros Escritos*. Zahar.

Lacan, J. (2003). Proposição de 9 de outubro de 1967. In *Outros Escritos*. Zahar.

Lacan, J. (2012). *O seminário, livro 19: ...ou pior*. Zahar.

Lacan, J. (2022). Coletiva de imprensa do dr. Jacques Lacan no Centro Cultural Francês, em 29 out. 1974. Textos complementares, Fórum do Campo Lacaniano de São Paulo.

Lacan, J. (2022). *Seminário 22: RSI*. Fórum do Campo Lacaniano de São Paulo.

Laclau, E. (2005). *On populist reason*. Verso.

Latour, B. (2020). *Onde aterrar? Como se orientar politicamente no Antropoceno*. Bazar do Tempo.

Levi, P. (1998). *É isso um homem?* Rocco.

Magalhães, S. (2007). *Lamento e dor: uma análise sócio antropológica do deslocamento compulsório provocado pela construção de barragens* (Tese de Doutorado). Universidade Federal do Pará, Belém.

Magalhães, S., & Cunha, M. (Orgs.). (2017). *A expulsão de ribeirinhos em Belo Monte*. Sociedade Brasileira para o Progresso da Ciência – SBPC.

Magalhães, S. M. S., & Hernández, F. M. (Orgs.). (2009). *Painel de especialistas –Análise Crítica do Estudo de Impacto Ambiental do Aproveitamento Hidrelétrico de Belo Monte*. Belém.

Marino, A., & Coaracy, A. (2019). Psicanálise na Praça Roosevelt: formulações sobre uma experiência. *Lacuna: uma revista de psicanálise*, (8), 10. https://revistalacuna.com/2019/12/08/n-8-10/

Mezan, R. (1998). *Escrever a clínica*. Casa do Psicólogo.

Miller, J.-A. (2002-2003). Um esforço de poesia. *Curso da orientação lacaniana, aula 01*, 13 nov. 2002. Inédito.

Nader, A. R. (2017). *Entre a negação do manicômio e a afirmação de um modelo comunitário: fabricando formas de luta* (Dissertação de Mestrado). Universidade de São Paulo.

Nascimento, S. M. (2017). *Violência e estado de exceção na Amazônia brasileira: um estudo sobre a implantação da hidrelétrica de Belo Monte no Rio Xingu* (Tese de Doutorado). Universidade Federal do Pará, Belém.

Navarro, E. A. (2012). O último refúgio da língua geral no Brasil. *Estudos Avançados, 26*(76), 245-254.

Nominé, B. (2024). *O presente do presente: ensaio psicanalítico sobre o tempo*. Blucher.

Obliziner, P. (2018). *O sujeito entre o ser e o não-ser: uma teoria do reconhecimento em psicanálise* (Dissertação de Mestrado). Instituto de Psicologia, Universidade de São Paulo.

Paulon, C. (2019). O caso como índice de poder na clínica e na transmissão em psicanálise. *Clínica & Cultura, 8*(1), (pp. 37-50).

Paulon, C. P., Ravanello, T., & Dunker, C. I. L. (2018). De Freud a Lacan: o discurso da cura como narratividade. In *O caso: entre exceção e transmissão*. Mercado das Letras.

Poli, M. C. (2012). *Leituras da clínica, escritas da cultura* (1a. ed.). Mercado de Letras.

Porge, E. (2009). *Transmitir a clínica psicanalítica*. Unicamp.

Rancière, J. (2021). *O pensamento das bordas*. Caderno de Leituras, (132). Edições Chão de Feira.

Rancière, J. (2021). *João Guimarães Rosa: a ficção à beira do nada*. Relicário.

Rodrigues, C. (2021). *O luto entre clínica e política – Judith Butler para além do gênero*. Autêntica.

Rosa, M. D. (2004). A pesquisa psicanalítica dos fenômenos sociais e políticos: metodologia e fundamentação teórica. *Revista Mal--Estar e Subjetividade, 4*(2), 329-348.

Rosa, M. D. (2016). *A clínica psicanalítica em face da dimensão sociopolítica do sofrimento*. Escuta/Fapesp.

Rosa, M. D., Estêvão, I. R., & Braga, A. P. M. (2017). Clínica psicanalítica implicada: conexões com a cultura, a sociedade e a política. *Psicologia em Estudo, 22*(3), 359-369. http://periodicos.uem.br/ojs/index.php/PsicolEstud/article/view/35354/pdf

Rosa, M. D., Martins, A. S., Braga, A. P. M., & Tatit, I. (2013). Clínica e política interrogadas pelo ato infracional: a construção do caso. In *Diálogos com o campo das medidas socioeducativas: conversando sobre a justiça, o cotidiano do trabalho e o adolescente*

Safatle, V. (2016). *O circuito dos afetos: corpos políticos, desamparo e o fim do indivíduo* (2a. ed. rev.). Autêntica Editora.

Safatle, V. (2020). *Maneiras de transformar mundos*. Autêntica Editora. Edição do Kindle.

Santos, M., & Silveira, M. L. (2001). *O Brasil: Território e sociedade no início do século XXI*. Record.

Silva, N. J. (2019). *Fernando Pessoa e Freud – diálogos inquietantes.* Blucher.

Simmel, E. et al. (1921). *Psycho-analysis and the war neuroses.* The International Psycho-Analytical Press.

Soler, C. (1998). *A psicanálise na civilização.* Contra Capa Livraria.

Soler, C. (2011). La psychanalyse, pas sans l'écrit. *Champ Lacanien, Revue de psychanalyse*, (10).

Soler, C. (2013). A oferta, a demanda e... a resposta. *Stylus: Revista de Psicanálise*, (26), julho. Associação Fóruns do Campo Lacaniano.

Soler, C. (2018). *O que resta da infância.* Escuta.

Soler, C. (2018). *Rumo à identidade.* Aller Editora.

Tatit, I. (2016). *A noção de singularidade na psicanálise lacaniana: aspectos teóricos, clínicos e sociais* (Tese de doutorado). Universidade de São Paulo.

Vidal, F. B. (2012). *Saudade sim, tristeza não: memória do deslocamento compulsório e da reconstrução da vida dos atingidos pela barragem de Pedra do Cavalo em Santo Estevão* (Dissertação de Mestrado). Universidade Federal da Bahia, Faculdade de Filosofia e Ciências Humanas, Salvador.

Viganó, C. (2010). A construção do caso clínico. *Opção Lacaniana online, 1.* http://www.opcaolacaniana.com.br/pdf/numero_1/A_construcao_do_caso_clinico.pdf

Vinuto, J. (2014). A amostragem em bola de neve na pesquisa qualitativa: um debate em aberto. *Temáticas, 22*(44). https://econtents.bc.unicamp.br/inpec/index.php/tematicas/article/view/10977

Outros títulos da Série Dor e Existência

Os contrabandistas da memória, de Jacques Hassoun

De um trauma ao Outro, de Colette Soler

Do luto impedido ao luto coletivo: um caso clínico-político, de Sandra Luzia de Souza Alencar

Ensaios apócrifos: a-bordagens psicanalíticas, de Ana Paula Gianesi e Conrado Ramos

Luto à flor da pele: as tatuagens in memoriam *em leitura psicanalítica*, de Miriam Ximenes Pinho-Fuse

O presente do presente: ensaio psicanalítico sobre o tempo, de Bernard Nominé

A sobrevivência do desejo nos sonhos de Auschwitz, de Samantha Abuleac

GRÁFICA PAYM
Tel. [11] 4392-3344
paym@graficapaym.com.br